교과서가 사라진 교실

교과서가 사라진 교실

디지털 시대, 새로운 수업을 말하다!

맷 밀러 지음 | 방현진 옮김

Ditch That Textbook

지식프레임

교과서를 버려도
정말 수업이 가능할까?

이 책을 접한 것은 2016년 2월 즈음이다. 당시 나는 수업 방법에 대한 심각한 고민에 빠져 있었다. 좀 더 구체적으로 말하자면, 내가 하고 싶은 수업과 교과서가 제시하는 수업 사이에서 갈등을 겪고 있었다.

당시까지만 해도 나는 내가 바라는 수업과 교과서가 제시하는 수업 중에서 늘 후자를 선택했다. 정확히 말하자면 내가 바라는 수업의 정체를 명확히 규정하지 못했고, 교과서대로 수업하지 않았을 때 생겨날 문제(교사로서 꼭 가르쳐야 할 내용을 빠뜨린 것 같은 찜찜함, 학부모의 민원 등)를 예방하는 차원에서라도 하는 수 없이 후자를 선택했다. 오랜 기간 동안 교과서대로 수업을 운영했기 때문에 나는 앞서 말한 문제에 휘말리지는 않았다. 그렇다고 문제가 없는 것은 아니었다. 나는 교과서를 따라가는 수업에서 보람을 별로 느끼지 못했다. 교과서가 최고의 교육 자료인 것은 분명하지만, 교과서대로 수업한다고 해서 무조건 교사가 보람을 느낄 수 있는 것은 아니었다. 교과서대로만 수업을 하면 자칫 딱딱한 수업이 되기 쉽고, 당연히 그런 수업에서는 학생들이 적극적으로 참여하지 않기 때문이다. 내가 보람을 느끼지 못하는 수업에서 학생들이 어떤 태도로 학습했을지는 뻔하다. 수업에 집중하지 못하는 학생, 떠드는 학생 등등.

학기 말에 진도를 나가느라 허덕일 때면 더더욱 수업의 의미를 찾지 못했다. 학생을 가르치기 위해 교과서를 보는 것인지, 교과서의 마지막 페이지까지 가르치기 위해 교과서를 보는 것인지 헷갈릴 때가 많았다.

사실 나는 진도에서 비롯되는 문제를 매년 겪었다. 학기 초에는 알찬 수업을 하고 싶어서 진도와 무관하게 차분히 수업을 운영했지만, 학기 말이 되면 교과서를 끝까지 가르치기 위해 무서운 속도로 교과서를 넘기며 수업을 진행했다. 학생들의 참여는 당연히 쉽지 않은 일이었다.

물론 이런 문제점들은 내가 교과서를 제대로 활용하지 못했기 때문에 발생한 것이다. 어쨌든 나는 교과서의 올바른 활용법을 알지 못한 채 그저 교과서대로만 수업을 했다. 수업에서 보람을 찾지 못하면서도 마땅한 해결책을 찾지 못해 울며 겨자 먹기 식으로 교과서대로 수업을 운영했던 것이다.

2016년 초, 나는 지푸라기라도 잡아야겠다는 심정으로 이 책을 찾아 읽었다. 이 책을 읽은 뒤 그동안 막연하게 생각해 왔던 새로운 수업 방법, 차마 용기가 없어 실천하지 못했던 수업 방법에 대한 확신을 갖게 되었다. 이 책의 제목인《교과서가 사라진 교실》은 새로운 수업 방법에 대한 확신을 극적으로 표현한 것이다. 내가 여기서 확신이라는 말을 자신 있게 하는 이유는 당시 책을 읽은 뒤 느꼈던 확신을 지금도 여전히 느끼고 있기 때문이다.

이 책의 내용을 결론부터 말하자면, 교사는 교과서 없이도 얼마든지 수업을 할 수 있으며, 오히려 교과서가 없어진 수업에서 더 보람을 느낄 수도 있다는 것이다. 교사가 수업 시간에 가르쳐야 할 내용과 성취 기준만 확실히 파악한다면, 그리고 이 책에서 제시하는 것과 같이 다양한 디지털 도구를 수업에 적용할 수 있다면 학생들이 적극적으로 참여하는 수업을 운영할 수 있기 때문이다.

또한 교사가 수업 시간에 교과서를 꼭 사용해야 한다는 생각은 일종의 강박관념에 가깝다는 것을 깨달았다. 물론 습관처럼 굳어진 수업 방식을 바꾸는 일이 쉽지 않겠지만, 나는 이 책이 그 습관을 교정하는 데 큰 도움이 되리라고 자신한다.

나는 이 책에 힘입어 나만의 교육 방침(스스로 질문하고 디지털 도구를 활용해서 해결한 다음 널리 공유하라!)을 정하고, 다양한 디지털 도구를 활용한 수업을 운영하게 되었다. 사실 나는 선천적으로나 후천적으로나 '디지털'에 호감을 느끼지 못하는 사람이다. 그런데도 내가 이렇게 느낄 정도라면 다른 선생님들은 더 훌륭한 수업을 할 수 있겠다는 생각에 이 책을 소개하고자 마음먹었다.

네이버 블로그 '교과서가 사라진 교실(https://blog.naver.com/all45)'에 게시되어 있는 FreeRice.com을 활용한 기부 수업, VR 기기를 활용한 별자리 수업, Flipgrid.com을 활용한 발표력 신장 수업, 구글 번역기를 활용한 일본어 포스터 그리기 수업, Skype를 활용한 장명조 PD님의 진로 특강과 충남 당진초 이재학 선생님 학급과의 미스테리 스카이프 수업, BackChannel.com을 활용한 토론 수업, 네오스마트펜을 활용한 페이퍼튜브 수업 등은 내가 이 책을 읽지 않았다면 절대로 시도할 수 없었던 즐겁고 유익한 수업이다. 나는 유튜브 채널과 페이스북에도 '교과서를 뺑차버린 성실한 교사의 수업' 시리즈를 연재하며 교과서 없이, 혹은 교과서를 최소한으로 사용하며 진행하는 수업 영상을 게시하고 있다. 그리고 이렇게 교과서 없이 수업한 이후로도 나는 학부모에게 민원을 들은 일이 단 한 번도 없다. 이는 아마도 수업 영상을 접한 학부모들이 학생들의 학습하는 모습을 보고 안심했기 때문이 아닐까 싶다. 또한, 진도를 따라가느라 허덕인 적도 없다. 수업을 계획하고 운영할 때 교과서를 머릿속에서 지우고 오직 성취기준 달성에 집중했기 때문이다.

이 책에는 교과서 없이 수업할 때 참고할 만한 내용이 상세히 들어 있다. 저자의 말대로 한 번에 한 걸음씩 나아가라. 이 책이 제안하는 내용을 모두 수업에 적용하는 것은 필요하지도 않고 가능하지도 않다. 교과서를 내려놓고 새로운 수업을 하고 싶은 교사라면 자신의 관심과 관점에 비춰 마음의 부담이 적게 느껴지는 부분부터 받아들이고 실천에 옮기는 편이 좋을 것이다.

이 책은 수업에서 교과서를 몰아내자는 과격한 주장과는 아무런 관련이 없다. 이 책은 오직 교사들에게 양질의 수업을 위한 방향과 방법을 제시할 뿐이다. 나는 이 책을 읽은 교사들이 교과서를 내려놓고도 교사와 학생이 모두 즐거운 수업을 할 수 있다는 말을 자신의 수업 시간에 직접 느껴보기를 바란다.

이 책을 번역할 때까지 묵묵히 기다려준 고마운 사람이 있다. 개구쟁이 두 아들 녀석을 키우느라 늘 고생하는 엄마이자 사랑하는 아내인 김미영. 아빠가 사진을 찍을 때마다 늘 밝게 웃어주는 고마운 두 아들 방민준, 방예준. 나의 가족에게 제일 먼저 이 책을 바친다. 아둔한 제자에게 논리적인 사고법, 글 쓰는 법 그리고 번역하는 법을 가르쳐주신 서울교육대학교 김인 교수님에게 감사의 인사를 드리고 싶다. 교수님의 가르침에 보답하려면 끝도 없겠지만, 나는 교수님께 작은 보답을 한다고 생각하며 이 책을 번역했다. 교수님이 앞으로도 건강하고 행복하시길 바란다.

서울우신초에서 동고동락한 6학년 담임 서은지, 이은정, 서은혜, 윤수진 선생님, 바쁜 와중에서도 수업 연구에 동참해준 서보나, 최민경 선생님에게도 감사하다는 말씀을 드리고 싶다. 만약 선생님들의 응원과 격려가 없었다면 나는 이 책을 번역할 수 없었을 것이다. 내가 운동과 공부를 오갈 때마다 시계추처럼 나의 리듬에 맞춰 물심양면으로 도움을 준 동생 묵창이에게도 고맙다는 말을 전하고 싶다.

　마지막으로 번역의 기회를 주신 지식프레임의 윤을식 대표님
과 출판사 관계자분들께 감사의 인사를 드린다.

옮긴이 방현진

2007년 어느 날, 수업을 마치는 종이 울리자 학생들이 쏜살같이 교실을 뛰쳐나갔다. 순간 화재 경보 사이렌이 울린 줄 알았다. 교편을 잡은 이래 학생들이 그렇게 교실 밖으로 뛰쳐나가는 걸 나는 본 적이 없었다. 그들은 종소리를 듣자마자 마치 스프링이 달린 의자에서 튕겨져 나가듯 교실을 벗어났다.

수업을 마치는 종이 울리기 전까지만 해도 나는 평소대로 수업을 진행했다. 스페인어 교과서를 바탕으로 나름 환상적인 강의를 했으며, 교과서 연습 문제를 풀도록 지도하는 데 무려 48분을 보냈다. 딴짓을 하거나 내 말에 귀 기울이지 않는 학생들 때문에 잔뜩 화가 났었고, 학생들에게 추가적인 과제를 내주고 조용히 자리에 앉아 과제를 하라고 다그쳤다.

　사실, 그 당시 나는 학생들과 마찬가지로 교과서에 있는 내용을 그대로 연습하는 식의 수업에 염증을 느끼고 있었다. 더군다나 교과서의 첫 페이지부터 마지막 페이지까지 한 쪽도 빠짐없이 가르치는 것을 일 년의 목적으로 삼는 교사가 되기는 싫었다. 실제로 그런 교사가 되지도 못했는데, 일 년 동안 수업을 해봤자 교과서의 절반 정도밖에 소화하지 못했기 때문이다. 이때부터 나는 보다 나은 교수법이 없을까 하는 깊은 고민에 빠졌다.

　나는 내 수업이 특별하길 바랐다.
　내 교실이 학생들이 재미있고 즐겁게 학습하는 장소이길 바랐다.
　내 학생들이 구체적인 활동을 통해 스페인어를 익히고 늘 스페인어로 대화하길 바랐다.

　나는 수업 방법에 대해 본격적으로 고민하기 시작했다. 교과서에 적힌 문법 문제를 대강 연습시키는 수업으로는 위의 바람을 이루기가 어렵고 학생을 평생 언어 사용자(Lifelong speaker)로 길러내는 일 역시 거의 불가능했기 때문이다.

교직에 오래 몸담은 사람이라면 수업 시간에 학생들이 교과서에 소개된 예제를 반복해서 연습하지만 그 예제는 좀처럼 수준이 개선되지 않는다는 점을 잘 알고 있을 것이다. 실제로 교과서의 예제 중 대부분은 현실과 동떨어져 있고 일부는 얼토당토않은 수준이다. 학생들이 교실을 뛰쳐나갔던 2007년의 그날, 나는 내 수업 방식을 바꾸기로 결심했다. 더 이상 교과서에 의존하는 수업을 진행할 수 없었다. 학생들과 나 자신을 위해 보다 나은 수업 방법을 찾아야 했다.

교직 초기에 나는 학생 때 경험했던 수업 방법을 떠올리고 동료 교사들의 교수법을 참고해서 그대로 적용하면 되겠거니 생각했다. 당시 나는 교과서가 곧 내 수업의 교육과정이라고 생각했고, 내 수업에도 나름 자신이 있었다. 내 교육관에 따르자면, 수업이란 학생들이 교과서를 읽은 후 학습지나 객관식 문제를 해결하는 것 이상도 이하도 아니었다. 실제로 나는 별 힘을 들이지 않고 교과서대로 수업을 해나갔지만, 그날 학생들이 교실을 뛰쳐나가는 모습에 충격을 받은 이후 꾸준히 수업 방법을 연구했다. 그 결과 학생들이 능동적으로 참여하고 즐겁게 학습하는 수업도 얼마든지 가능하다는 사실을 깨달았다.

이 책을 선택한 여러분들도 내가 수업을 하면서 느꼈던 감정을 언젠가 똑같이 느끼지 않았을까 짐작한다. 교과서대로 수업하는 전통적인 교육 방식에서 벗어나지 못한 채 허덕이다가 탈진해 버린 느낌 말이다. 분명히 말하지만 디지털 기술을 활용한 혁신적인 수업, 학생들이 적극적으로 참여하는 수업은 얼마든지 가능하다. 여러분이 창의적인 수업 방법과 적합한 학습 도구를 마련하고 훌륭한 교사들과 적극적으로 의사소통한다면 지금까지 경험하지 못했던 매력적이고 혁신적인 수업을 하게 될 것이다. 그리고 이 말에 동의한다면 여러분은 이미 교과서를 내던질 준비가 된 셈이다.

이제부터 여러분이 읽을 내용은 한 교사가 3층 교실에서 교과서를 창문 밖으로 내던진 다음에 교과서가 땅에 처박히는 소리에 흐뭇해하며 손에 묻은 먼지를 털어내는 이상한 행동과는 아무런 관련이 없다. 사실 학교에서 사용할 교과서가 결정된 상황에서 교과서를 완전히 외면할 수는 없다. 나는 교육 정책을 어기면서까지 무리한 수업을 하는 것에는 반대하는 입장이다. 다만 내가 이 책을 통해 여러분에게 전달하고 싶은 내용은 수업을 개선하는 방안이다.

옥스퍼드 사전에서 '교과서'를 찾아보면, 명사로서 그 뜻이

"특정한 교과를 공부할 때 표준 자료로 읽는 책"으로 소개되어 있다. 한편, '교과서'가 형용사로 사용되면 이런 뜻으로 쓰인다. "이론가들이 기술하거나 이론가들이 널리 받아들이는 표준, 전형에 일치하는."

적어도 내 수업 경험에 의하면 "이론가들이 널리 받아들이는" 그 표준 자료는 학생을 가르치는 데 별 효과를 발휘하지 못했다. 그래서 오래된 표준 자료를 던져버리고 보다 새롭고 효율적인 수업 방법을 찾아 나선 것이다. 나는 많은 시행착오를 겪은 끝에 '버리다'라는 뜻의 'DITCH'라는 단어를 머리글자로 하는 수업 모델을 확립했다.

DIFFERENT _ 색다른 수업

학생들이 날마다, 수업 시간마다 경험했던 수업 방법과는 다른 방법을 수업에 적용하자.

INNOVATIVE _ 혁신적인 수업

설사 성공이 보장되지 않더라도, 새로운 수업 방법을 고민하고 훌륭한 교사들의 수업 방법을 참고해서 내 수업에 적용하자.

교과서가 사라진 교실

TECH-LADEN _ 기술이 접목된 수업

학생들이 보다 효율적으로 학습할 수 있도록 혹은 이전과는 전혀 다른 방식으로 학습할 수 있도록 인터넷 사이트, 디지털 도구, 디지털 기기를 수업 시간에 활용하자.

CREATIVE _ 창의적인 수업

학생들의 독창적인 아이디어를 수업 시간에 활용해서 학생들이 의미 있는 학습 결과물을 만들도록 가르치자('Creative'라는 단어 안에 'Create'가 들어 있으니 결국 창의적인 수업은 '무엇인가를 창조하는 수업'이 되어야 한다).

HANDS-ON _ 체험 중심 수업

수업 시간에 학생들이 직접 몸을 움직여 결과물을 만들어낼 수 있도록 기회를 보장하자.

이제부터 여러분에게 DITCH 모델이 교사가 자유롭게 가르치고 교실에 혁명을 일으키는 데 구체적으로 어떤 도움이 되는지 상세히 설명하겠다. 본격적인 이야기에 앞서, 이 책 전체의 내용을 간단하게 살펴보도록 하자.

Part 1. 교실에 찾아온 디지털 혁명

교사가 더 이상 교과서를 주된 수업 자료로 사용하지 않는다면 교과서 대신 어떤 자료를 사용해야 할까? 여기 힌트가 있다. 학생들은 이미 그것을 사용하고 있다. 디지털 기술, 특히 앱과 인터넷 사이트는 교사와 학생 모두가 활용할 수 있는 강력한 학습 도구이다. 우리 주변에서 일어나고 있는 디지털 혁명에 참여해야 할 이유와 방법에 대해 의구심을 가지고 있는 교사는 1부를 읽으면서 디지털 시대에 대한 통찰력과 디지털 기술을 수업에 적용할 용기를 얻게 될 것이다.

Part 2. 교과서적인 교육관은 이제 그만!

교사가 교과서적인 생각을 가지고 수업을 하면 지루하고 딱딱한 수업을 하기 쉽다. 방파제로 둘러싸인 듯 견고한 마음가짐을 가진 교사에게서 수업을 들은 학생들은 수업 시간에 멍하니 앉아 있었다거나 뜻도 모르는 내용을 반복하기만 했다는 등의 불평을 두고두고 늘어놓는다. 이런 불명예스러운 이야기의 주인공이 되고 싶은 교사는 아마 한 명도 없을 것이다. 한 가지 놀라운 점은 현재의 수업 방식으로는 원하는 결과를 거둘 수 없다는 것을 잘 알고 있는 교사들도 막상 수업 방식을 바꾸려고 하면 주저한다는 사실이다. 나는 교사가 자신의 수업 방식에 한계를 느꼈다면 바로 그 순간 교과서적인 교육관을 과감히 내던지고 새로운 길을 개척해 아무도 가본 적 없는 곳을 향해 걸어가야 한다고 생각한다. 일찍이 아무도 가본 적 없는 곳에 발을 디딘 것 자체에 만족만 하더라도 좋다. 자유로운 정신을 구속하는 정신적인 틀에서 과감히 벗어나자.

Part 3. 차라리 교과서를 버려라

여기서 '교과서를 버린다'는 말은 교사가 학생들의 적극적인 참여를 이끌어내지 못하는 기존의 수업 방법을 미련 없이 포기한다는 뜻이다. 구체적으로 말하자면, 교사가 자신의 수업 방식을 면밀히 살펴보고 원하는 학습 결과가 나오는지 확인한 다음, 수업 방법을 개선하기 위해 구체적인 노력을 기울인다는 뜻이다. 따라서 '교과서를 버린다'는 말은 경우에 따라 기존의 수업 방식을 완전히 포기한다는 뜻으로 쓰일 수도 있고, 수업 방식을 약간만 조정한다는 뜻으로 해석될 수도 있다. '교과서를 버린다'는 말이 가장 바람직하게 쓰이는 경우는 수업 방식을 개선한 교사가 수업을 마친 후 웃는 얼굴로 "와, 정말 수업이 잘되네."라고 말하는 경우일 것이다.

Part 4. 교육과정을 뻥 차버려라

　내 경험에 비춰보면 비효율적인 수업 방법을 개선하기 위해서는 교육과정도 같이 버려야 했다. 나는 무척 간단하게 교육과정을 버릴 수 있었는데, 그 이유는 학생들을 가르치기 시작했을 때만 해도 스페인어 교과의 교육과정 자체가 존재하지 않았기 때문이다. 내가 스스로 교육과정을 마련하기 위해 제일 먼저 한 일은 수업 아이디어, 수업 시간에 꼭 가르쳐야 하는 내용, 수업을 운영하는 데 도움이 될 활동들을 조사하고 수집한 것이었다. 둘째로 내 수업 아이디어를 뒷받침해 줄 연구 자료와 구체적인 수업 방법을 찾아내고 학업 성취도 기준과 학교의 교육 정책을 확인했다. 마지막으로 DITCH 모델을 활용하여 나의 수업 계획을 완성했다. 그 결과 나는 내가 원하는 교육과정을 손에 얻었고 덕분에 학생들이 적극 참여하고 즐겁게 학습하는 수업을 운영할 수 있었다.

　나는 여러분이 이 책을 읽고 기존의 교육관과 수업 방법을 바꿔야 할 이유와 구체적인 방법을 깨닫고 학생이 즐겁게 학습하는 수업을 운영하길 바란다. 교과서를 버리라고 주장하는 사람이 책을 쓰는 것 자체가 아이러니하다고 생각하지는 말아주길 바란다. 교사들 대부분은 여전히 독서를 최고의 학습 방법으로 꼽지 않는가.

이 책은 교과서 없이 수업하는 방법이 단계별로 소개되어 있는 매뉴얼이 아니다. 이미 교육법을 비롯한 학교, 교육지원청의 정책은 교사의 수업에 깊게 침투했다. 이런 상황에서 누군가 나서서 교사에게 또 다른 규칙이나 기준을 제시하고 따르라고 할 필요는 없다. 나는 이 책이 교사가 보다 나은 수업을 하는 데 도움을 주는 책, 필요할 때마다 꺼내 읽는 책, 용기를 얻기 위해 읽는 책으로 널리 읽히길 바란다. 앞으로 여러분이 확인하겠지만 이 책에는 교사가 자유롭게 학급을 운영하고 수업하는 데 도움이 되는 다양한 아이디어, 참고 사항이 자세히 소개되어 있다.

자, 이제 본격적으로 이야기를 시작해 보자.

Contents

Part 2 교과서적인 교육관은 이제 그만!

Part 3 차라리 교과서를 버려라

Part 4 교육과정을 뻥 차버려라

디지털 기술은 교육의 판도를 완전히 바꿔놓았다. 현재 학생들이 가지고 다니는 스마트폰은 1969년 인간의 달 착륙을 도왔던 거대한 컴퓨터보다 성능이 훨씬 우수하다. 한 예로 우리는 단 몇 초만 투자하면 스마트폰으로 세상 누구와도 대화를 시작할 수 있다. 멀리 떨어져 있는 사람과 소식을 주고받는 데 몇 주 혹은 몇 달을 보냈던 과거에는 상상도 못 했던 일이다.

현대의 발전된 기술 덕분에 우리는 많은 이점을 누리고 산다. 물론 이점 못지않게 우리가 해결해야 할 문제점도 많다. 수업에서도 마찬가지다. 교사가 수업 시간에 디지털 기술을 적절히 사용한다면 학생들은 미래의 삶과 진로에 도움이 될 소중한 지식과 능력을 배우게 될 것이다. 그러나 수업 시간에 디지털 기술이 악용되거나 극단적으로 배제된다면 학생들은 장차 빠르게 변하는 시장 상황에 적응하기 위해 직업인으로서 반드시 익혀야 할 기술을 습득하지 못할 것이다.

교사가 해야 할 일이 학생들이 장래에 풍요로운 생활을 영위할 수 있도록 만반의 준비를 시키는 것이라면, 교사는 디지털 기술을 수업에 왜 적용해야 하는지를 물을 것이 아니라 어떻게 적용해야 하는지를 물어야 한다.

Part 1

교실에 찾아온 디지털 혁명

01
자유로운 연결

예전에는 상상도 할 수 없었던 디지털 기술을 활용해
수업을 완전히 바꿔놓을 수 있다.

인디애나에 사는 평범한 교사이자 블로거인 내가 존 듀이John
Dewey를 만나러 간다고 상상해 보자. 20세기의 획기적인 교육 사
상가이자 개혁가인 존 듀이 말이다. 듀이와 나는 학생의 경험과
흥미를 고려한 교육을 해야 한다는 공통된 믿음을 갖고 있기 때
문에, 나는 듀이를 만나면 열띤 대화를 나눌 자신이 있다. 듀이
와 나는 영원한 친구까지는 되지 않더라도 교육에 관해서 도움
을 주고받는 전문적인 관계 정도는 유지할 수 있을 것이다(물론
이 모든 것이 한낱 상상에 불과하다는 것을 나도 잘 안다).

내가 듀이를 만나면 저녁 식사를 함께하게 될지도 모르겠지

만, 그러기 위해서는 일단 듀이가 사는 곳에 찾아가야 한다. 내가 듀이를 만나려면 어디로 가야 할까? 듀이는 1904년까지 시카고 대학교에서 교수 생활을 했다고 한다. 내가 사는 인디애나를 기준으로 보면 듀이가 교수직을 내려놓은 뒤 인생의 말년을 보냈던 뉴욕보다는 시카고가 훨씬 가깝다. 따라서 내가 듀이를 만나러 시카고에 간다고 가정해 보자.

만약 1904년이라면 잠시 어딜 다녀오려고 해도 이것저것 준비할 일이 많았을 것이다. 가장 큰 문제는 이동 수단이 아니었을까? 물론 기차를 타면 인디애나 근방에서 시카고까지 편하게 갈 수 있었겠지만 내가 사는 집에서 기차역까지 가려면 하루는 족히 걸렸을 것이다. 교사 월급으로 생계를 유지하는 사람이 선뜻 기차표를 산다는 게 쉬운 일은 아니었겠지만, 당시 내가 그 정도 경제력은 가지고 있었다고 가정하고 기차표 문제는 넘어가도록 하자. 인디애나에서 기차를 타고 최고 속도로 한 시간에 50마일씩 이동하면 내가 시카고까지 도착하는 데에는 거의 하루가 걸릴 것이다.

시카고에 도착하면 일단 듀이의 스케줄을 확인해야 할 것이다. 듀이는 무척 바쁜 몸이기 때문에 며칠을 기다린 뒤에야 듀이를 만날 수 있을 것이고, 그동안 나는 어쩔 수 없이 숙식을 직접 해결해야 할 것이다. 그리고 내가 듀이를 만나고 집에 돌아오는 데에도 이틀은 족히 걸릴 것이다.

이제 우리는 핸드폰, 이메일, 가상 비서(Virtual Assistants)[01] 같은 것들을 상상도 하지 못했던 시대, 심지어 손님이 타고 온 말을 대신 관리해 주는 발렛 서비스조차 존재하지 않았던 20세기 초반에 누군가 위대한 사상가를 만나려면 얼마나 많은 돈과 에너지를 쏟아야 하는지 분명히 알게 됐다. 위의 상상에서 드러났듯이 내가 생계와 경제 활동을 저버리지 않는 한 듀이를 만나는 일은 거의 불가능하다.

인터넷으로 연결된 세상에 사는 특권

지난 한 세기 동안 우리를 둘러싼 환경은 급변했다. 이제 나는 내 경험을 바탕으로 우리가 사는 세상이 20세기 초반과 비교해서 얼마나 달라졌는지 살펴보려고 한다.

나는 요즘 나에게 영감을 주는 사람을 생각할 때마다 릭 워

---

01 가상 비서는 음성 인식 기능과 인공 지능 엔진을 기반으로 사용자가 원하는 작업을 처리하여 특화된 서비스를 제공하는 소프트웨어 에이전트를 말한다. 예를 들어 가상 비서는 사용자가 명령을 내리면 일정을 관리하거나 이메일을 전송하는 등의 기능을 한다. 앞으로 가정, 회사, 차량에서 사용하는 스마트 기기에 탑재되어 사용 범위가 확장될 것이다.

멜리Rick Wormeli가 제일 먼저 떠오르고 그와 저녁 식사라도 같이하고 싶은 마음이 든다. 그는 기준 기반 평가(Standard based grading)[02]의 지지자로서 활발한 트위터 사용자이기도 하다. 릭 워멜리는 존 듀이의 사상을 이어받은 계승자는 아니지만, 내가 교육관을 정립하는 데 큰 도움을 준 총명한 사람이다.

릭은 버지니아에서 살고 있고 전 세계를 돌며 교육 관련 강연을 하고 있다. 강연의 경우에는 어쩔 수 없지만, 나와 단둘이 만나기 위해서라면 릭은 방 밖으로 나올 필요도 없다. 릭과 나는 눈 깜짝할 사이에 구글 행아웃[03]으로 영상통화를 시작할 수 있고, 나는 릭에게 내 스페인어 수업에서 평가 방법을 어떻게 개선하면 좋을지 자문을 구할 수 있다.

릭이 일정상 구글 행아웃으로 영상통화를 나눌 여유가 없다면, 릭이 기준 기반 학습(Standard based learning)을 주제로 트윗을

---

02 기준 기반 평가는 기존의 평가 방식에 대안으로 등장한 평가 방법이다. 기존의 평가 방법이 학생의 학업 성취도를 문자(잘함, 보통 등)나 퍼센트(100%, 90%)로 표현했다면 기준 기반 평가는 학생의 성취 수준을 1~4까지 네 단계로 구분한 후 2.3, 3.8과 같은 수치로 표현하는 방식이다. 학생의 성취 수준이 분명히 표현되기 때문에 교사는 평가 결과에 따라 학생에게 필요한 피드백을 하기가 용이하다.

03 구글 행아웃은 커뮤니케이션 플랫폼으로서 사용자는 자신이 원하는 사람과 채팅, 통화, 영상통화를 무료로 할 수 있다. 특히 영상통화를 할 때 자신이 공유하고 싶은 화면(프레젠테이션, 사진 등)을 채팅창에 띄워 정보를 공유할 수 있다. 핸드폰, 태블릿, 컴퓨터에서 모두 사용 가능하다.

남기는 시간(미국 동부표준시로 목요일 저녁 9시에서 10시 사이)에 내가 트위터에 접속해 #sblchat[04]이라는 해시태그가 달린 그의 트윗을 찾아 읽으면 된다. 내가 트윗을 읽다가 날카로운 질문이 떠올라 묻고 싶은 내용을 140자 정도로 간추려 트윗을 올린다면 릭은 내 트윗을 읽자마자 바로 답을 해줄지도 모른다(실제로 나는 릭에게서 답변을 받은 적이 있다).

요즘 우리는 발전된 기술 덕분에 동료들과 손쉽게 정보를 공유하고, 멀리 떨어진 친구와 대화를 나누고, 다른 나라의 유명한 랜드마크를 구경할 수 있다. 또한 소셜 미디어를 통해 전 세계 사람들과 대화를 나눌 수도 있다.

과거에 나는 영화 〈백 투 더 퓨쳐 2〉를 관람하면서 미래의 통신 수단으로 그려진 '영상통화 폰'을 무척 신기하게 생각했었다. 그런데 요즘에는 스카이프[05], 페이스타임[06], 구글 행아웃 덕분

---

04 #sblchat에서 sbl은 'standard based learning', 즉 기준 기반 학습의 약자이다. 기준 기반 학습은 시간이 허락하는 한 학생들이 성취 기준을 달성할 때까지 학습을 지속, 반복하는 학습 형태를 말한다. 현재 트위터 사용자들은 트위터에서 기준 기반 학습에 관한 다양한 의견을 공유하고 있으며 검색의 편의를 위해 #sblchat이라는 해시태그를 트윗 한 편에 적는다. 이 덕분에 트위터 검색창에 #sblchat을 검색하면, 기준 기반 학습에 관한 모든 트윗을 살펴볼 수 있다.

05 핸드폰, 태블릿, 컴퓨터에 스카이프를 설치하면 음성통화, 영상통화(화면 공유 가능), 메신저 기능을 사용할 수 있다. 음성통화의 경우 최대 25명과 함께 그룹 통화를 할 수 있으며, 유료 서비스를 사용하면 일반 전화 사용자와도 통화할 수 있다.

06 페이스타임은 Apple에서 개발한 무료 영상통화 서비스로 아이폰, 아이패드 이용자는 페이스

에 영화에서나 가능했던 영상통화를 누구나 무료로 마음껏 사용할 수 있다. 이뿐 아니라 우리는 메신저와 무전기 기능을 겸한 Voxer[07]와 같은 커뮤니케이션 앱을 통해 그 어느 때보다 빠르고 간편하게 전 세계 사람들과 정보를 나눌 수도 있다. 이를 위해 우리가 준비해야 할 것은 이미 널리 보급된 스마트폰, 태블릿, 컴퓨터와 전 세계에 퍼져 있는 인터넷 서비스가 전부이다.

인터넷이 일반화된 요즘에는 학생들도 마음만 먹으면 누구와도 의사소통할 수 있다. 예를 들면 현재 공부하고 있는 분야의 전문가와 메시지를 주고받을 수도 있고, 근래 읽고 있는 책의 저자와 영상통화를 할 수도 있다. 이미 많은 기관에서 무료 체험학습이나 관람 서비스를 제공하고 있지만, 학생들이 굳이 직접 기관을 방문하지 않더라도 기관에 방문한 사람과 영상통화를 하며 다양한 볼거리를 편하게 관람할 수 있다.

실제로 루이빌, 켄터키와 가까운 인디애나 남부의 학구(學區)에서는 초등학교, 중학교, 고등학교, 대안학교의 모든 학생들이

타임을 통해 영상통화를 나눌 수 있다.

07 Voxer는 채팅 기능뿐만 아니라 무전기(walkie-talkie)처럼 재미있게 사용할 수 있는 음성 메시지 전송 기능을 제공하는 앱이다. 채팅 중에 무전기 모양의 버튼을 누르면 음성이 자동으로 녹음되고 버튼에서 손을 떼면 바로 음성 메시지가 전송된다. 채팅을 하면 자신과 상대방의 위치를 확인할 수 있다는 특징이 있다.

켄터키의 처칠 다운즈(Churchill Downs) 경기장을 영상통화를 통해 체험할 수 있도록 학기 내내 간접 체험 프로그램을 운영하고 있다. 내가 가르치는 학생들은 스페인어 수업 시간에 인터넷을 이용해 스페인 발렌시아에서 영어를 배우는 학생들과 문화 교류를 하고 있다. 이 얼마나 멋지고 획기적인 경험인가!

내 학생들 중 대부분은 해외여행을 가본 적이 없고 집안 형편 때문에 앞으로도 해외여행을 가지 못할 가능성이 크지만, 적어도 수업 시간에서만큼은 다른 나라, 다른 문화권의 사람들과 마음껏 대화를 나누는 소중한 경험을 하고 있다.

이처럼 교사가 약간의 용기를 발휘한다면 예전에는 상상도 할 수 없었던 디지털 기술을 활용해 수업을 완전히 바꿔놓을 수 있다. 지금까지 내가 접한 교육 관련 회의와 블로고스피어 (blogosphere)[08]에 국한해서 말하더라도, 멀리 떨어져 있는 학생들이 디지털 학습 도구로 협력 학습하는 방법은 셀 수 없이 많다. 다만 나는 디지털 도구를 활용한 실제 수업 사례를 별로 보지 못했을 뿐이다. 왜 디지털 도구를 활용한 수업 사례가 이리도 부족할까? 소셜 미디어, 영상통화, 자료 공유 서비스 같은 디지털 기

---

08 블로고스피어는 서로 연결되어 있는 모든 블로그의 집합을 말한다. 블로그 사용자는 블로그를 통해 양질의 정보를 공유하거나 댓글을 달면서 블로고스피어의 문화를 발전시켜나간다.

술들은 이미 오래전에 우리 삶의 한 부분이 되었는데 말이다.

나는 교사들에게 새로운 디지털 기술과 자원이 수업에 적용됐을 때 일어날 변화를 예측하는 비전과 디지털 기술을 수업에 적용하는 용기가 다소 부족하기 때문이라고 생각한다. 종종 교사들은 새로운 수업 아이디어나 도구를 접하면 바로 수업에 적용하려고 노력하는 대신 '이것저것 따지다가 결국 아무것도 적용하지 못하는 지경'에 처하고는 한다.

나는 이 책을 통해 여러분이 디지털 기술에 대한 확고한 비전을 가지고 새로운 수업을 향한 대담한 첫발을 뗄 수 있도록 돕고 싶다. 수업이 어떤 식으로 진행될지는 누구도 장담할 수 없겠지만 대담하게 디지털 기술을 수업에 적용해 보자. 나는 여러분이 혁신적인 수업 방법을 교사 수첩에 적어놓은 뒤 그대로 방치하는 일만큼은 하지 않기를 바란다. 아무리 획기적인 아이디어라도 수첩 안에 갇혀 있다면 교사와 학생은 아무런 이득을 얻을 수 없다.

O2
능률에 날개를 달아라

교사가 시간과 노력을 아낄 수 있다는 점에서
디지털 기술은 활용할 가치가 충분하다.

예전에 나는 트위터를 하다가 마이크 마이어스_{Mike Myers}가 주
연한 영화 〈오스틴 파워(International Man of Mystery)〉의 사진을
보고 웃음을 터뜨린 적이 있다. 마이크는 카메라를 향해 몸을
기울이고 옅은 미소를 짓고 있었다. 사진에는 이런 글이 적혀 있
었다. "당장 내일 학생에게 학습지를 나눠줘야 하는데 내일 아
침까지 기다렸다가 복사할 셈인가? 나도 당신처럼 스릴 넘치는
삶을 살아보고 싶군."

학습지가 필요한 당일 아침이 돼서야 복사기 앞에 서는 삶은
위험천만하기 짝이 없다. 그렇지 않은가? 사실 교사들은 가끔 아

무도 없는 자료실에 들어가 눈 깜짝할 사이에 복사를 마치는 행운을 누리기도 한다. 그러나 꼭 복사를 해야 하는 날, 그것도 지금 당장 복사기를 써야 할 때 복사기 앞에서부터 시작된 줄이 자료실 벽을 따라 길게 이어져 있는 모습을 보고 고개를 흔들 때도 있다. 실제로 나는 자료실에 사람이 많으면 외부 손님을 맞이하는 접견실로 복사를 하러 가는데(물론 모든 교사가 이런 임기응변에 능통한 것은 아니다) 실망스럽게도 다른 교사가 나보다 한발 앞서 복사기를 차지한 적이 더러 있었다.

우리는 두 가지 삶 중 하나를 선택할 수 있다. 하나는 복사 때문에 매일 진땀을 흘리는 위험천만한 삶을 계속 사는 것이다. 다른 하나는 스릴러 드라마 같은 생활을 청산하고 디지털 기술을 이용해 학습 자료를 학생들에게 손쉽게 분배하는 편리한 삶을 사는 것이다. 나는 과감하게 후자를 선택했다. 나는 학습지를 복사기에 넣고 복사하는 대신, 구글에서 제공하는 앱으로 학습지나 프레젠테이션 자료를 만들고 링크를 생성해 학급 홈페이지에 게시한다(이에 관해서는 23장에서 자세히 소개하겠다). 이제 여러분은 내가 무슨 말을 하고 싶은지 짐작했을 것이다. 디지털 기술을 활용한 혁신적인 학습 활동은 논외로 치더라도, 교사가 시간과 노력을 아낄 수 있다는 점에서 디지털 기술은 활용할 가치가 충분하다.

가끔 나는 학교에 Apple IIGS 컴퓨터가 보급되기 시작했던 20년 전에 교사가 됐다면 어떤 교직 생활을 했을까 상상한다. 20년 전 나는 초등학생이었는데, 당시 초등학생들은 교육용 컴퓨터 게임(예를 들면 Math Blaster![01])을 즐겼고, Print Shop 프로그램으로 배너를 만들기도 했다. 내가 속했던 학급은 2주에 한 번씩 컴퓨터실에 가서 수업을 했다. 나는 반 친구들과 한 줄로 서서 마법의 장소를 향해 걸어가면서 느꼈던 벅찬 감정을 아직도 생생히 기억한다. 그때 나는 컴퓨터실에서 내가 아직도 즐겨하는 게임인 Oregon Trail[02]을 자주 했는데, 게임 주인공이 코네스토거 왜건을 타고 미주리 주의 인디펜던스를 떠나 오리건 주의 빌라메트 계곡에 안전하게 도착할 수 있도록 게임에 집중했다. 게임이 잘되는 날에는 게임 속에 등장하는 가족이 이질에 걸리지 않고 무사히 여정을 마칠 수 있었다(당시 나는 어렸기 때문에 이질에 대해 무지했지만 이질을 싫어했던 것만은 분명하다).

적어도 내가 다녔던 초등학교에서는 교사, 학생 할 것 없이 컴

---

01 1983년에 Davidson & Associates에서 개발하고 출시한 학습 게임이다.

02 1971년에 출시된 어드벤처 게임으로 우리나라에는 '서부 개척자'라는 게임으로 알려졌다.

퓨터를 매일 접할 수 없었던 형편이어서 교사가 수업을 계획하거나 학습지를 만드는 것과 같은 일상적인 업무를 할 때에도 컴퓨터를 활용하는 일은 거의 없었다. 교사는 저녁이나 주말에 개인적인 시간을 할애해서 직접 손으로 학습지를 만들어 복사하고, 학생의 과제에서 틀린 것을 수정하고, 성적을 기록하는 수밖에 없었다.

초등학생 때 내가 목격했던 교사와 지금의 나를 비교해 보면 업무 방식이 하나부터 열까지 모두 다르다. 나는 발달된 기술력을 최대한 활용해서 보다 간편하고 빠르게 업무를 처리하고, 수업 준비를 하는 데 남은 시간을 보낸다. 다시 말해 나는 기술력 덕분에 생산적이고 효율적으로 일을 하며, 저녁 늦게까지 학교에 남아 업무를 처리하는 경우도 전혀 없다. 구체적인 예를 들어 보겠다.

예전에는 현장체험학습을 가려면 학부모로부터 참가동의서를 받고 구체적인 계획을 세우는 데만 몇 주가 걸렸다. 현장체험학습은 하루 종일 이어졌고, 이 과정에서 교사는 가이드, 버스, 점심 식사 등 모든 것을 계획에 맞춰 일일이 조정해야 했다. 그런데 요즘에는 수업 시간에 스카이프 영상통화를 이용해서 전 세계 곳곳을 마음껏 둘러볼 수 있다.

예전에는 교사가 학습 자료를 만들려면 인내심을 가지고 직접 정자로 글씨를 쓰고 예술적 감각도 어느 정도 발휘해야 했다. 요즘에는 구글 설문지와 구글 문서[03]를 활용하면 단 몇 분만에 학습 자료를 만들 수 있다.

예전에는 교사가 퀴즈나 시험지를 채점하려면 빨간색 펜, 편안한 의자 그리고 한 시간 이상의 방해받지 않는 시간이 필요했다. 요즘에는 Flubaroo[04]와 같은 구글 보조 도구를 활용해서 눈 깜짝할 사이에 시험지를 채점하고 결과를 확인할 수 있다. 교사가 평가 도구 앱의 사용 방법만 익힌다면 채점하기 까다로운 시험지도 하루 중 아무 때나 채점해서 학생에게 결과를 알려줄 수 있다. 다시 말해, 교사가 온라인상에서 채점을 마치고 평가 결과를 학생에게 이메일로 보내면 학생은 그 즉시 자신의

---

03 구글은 다양한 문서 작업 기능을 제공한다. 구글 설문지(Google forms)을 활용하면 설문지, 시험지를 만들 수 있고, 구글 문서(Google documents)를 활용하면 문서 작업을 할 수 있다. 인터넷이 연결되어 있는 한 언제 어디서나 핸드폰, 태블릿, 컴퓨터에서 작업할 수 있다는 특징이 있다.

04 교사가 구글 설문지로 시험지를 만든 다음 학생의 답안지를 채점할 때 간편하게 사용할 수 있는 보조 도구이다.

점수를 확인할 수 있다.

예전에는 교사가 학생들에게 나눠줄 학습 자료를 찾으려면 캐비닛을 뒤져 파일을 꺼낸 다음 한 장 한 장 파일을 넘기면서 쓸 만한 자료가 있는지 직접 확인해야 했다. 물론 교사가 찾는 자료가 파일 안에 고스란히 끼워져 있다는 가정 아래서 말이다. 요즘에는 교사가 자신의 데이터베이스에 디지털 자료를 모아놓고 키워드로 검색하면 단 몇 초 만에 원하는 자료를 찾아낼 수 있다.

예전에는 교사가 책장이나 캐비닛에서 책을 꺼내 읽으면서 수업 방법을 연구했다. 물론 교사는 자신이 읽어야 할 책이 책장의 어디쯤에 꽂혀 있는지 정확히 알고 있어야 했다. 요즘에는 교사가 검색 엔진에서 순식간에 원하는 정보를 찾거나 소셜 미디어에서 가깝게 지내는 동료들에게 부탁해서 단 몇 분 만에 좋은 아이디어를 얻기도 한다.

왜 디지털 기술을 사용해야 하는가? 내가 할 수 있는 부분적인 대답은 '디지털 기술을 활용하면 교사가 보다 편리한 삶을 살 수 있다'는 것이다! 여러분이 나와 비슷한 성향을 가지고 있다면, 여러분도 분명 교사라는 직업을 무척 사랑할 것이다. 그러나 교사로서의 삶이 곧 개인의 삶 전부를 차지하는 것은 아니다. 교사인 내게도 사랑하는 가족(멋진 아내와 귀여운 세 딸)이 있다. 또 나에게는 가깝게 지내는 친구들과 종종 만나는 가족들도 있다. 이것 말고도 나는 가보고 싶은 곳, 보고 싶은 사람, 하고 싶은 일들이 무척 많다. 평가와 수업 계획이 교사의 중요한 업무인 것은 인정하지만, 나는 그 일을 하는 데 내 삶 전체를 바칠 생각이 조금도 없다. 나는 짧은 시간 안에 많은 일을 할 수 있는 디지털 시대에 교사가 된 것을 무척 감사하게 생각한다. 여러분도 나처럼 시험지를 채점하는 것 이외에 꾸려나가야 할 삶이 많을 것이다. 이제 디지털 기술로 해결할 수 있는 일은 기술의 힘을 빌려 손쉽게 처리해 버리고 보다 중요한 일에 시간을 보내야 하지 않을까. 삶다운 삶을 살아보자!

O3
디지털 기술로 불안감을 극복하라

디지털 기술을 활용하면 부끄러움이 많은 학생도
편안하게 자신의 생각을 표현할 수 있다.

혹시 이미 끝난 일을 처음부터 다시 시작하거나, 과거에 했던
말이나 행동을 되돌리고 싶었던 적이 있는가? 혹은 시간을 되
돌려 어떤 학생을 다시 가르치고 싶었던 적이 있는가? 내 경우는
이렇다. 나는 시곗바늘을 거꾸로 돌릴 수만 있다면 '케이'라는
여학생을 꼭 한 번 다시 가르치고 싶다. 당시 나는 케이에게 스
페인어와 어원학을 가르쳤는데 실은 내가 케이에게 배운 것이
더 많다.

어떤 면에서 보면 케이는 일탈을 즐기는 평범한 고등학생이
었다. 케이는 머리를 염색하고 얼굴에 장신구를 치렁치렁 달고

늘 외모나 패션 스타일이 자신과 비슷한 학생들과 어울려 다녔다. 그러나 케이는 또래 학생들과 어딘가 모르게 달랐다. 평소에 케이는 말이 별로 없었다. 물론 케이는 친구가 화를 돋우면 거친 뱃사람들도 얼굴을 붉힐 정도의 욕설로 친구를 몰아세웠다. 실제로 이런 일이 벌어져서 나는 케이를 데리고 교장실에 간 적도 있다. 그러나 케이는 복도에서나 교실에서나, 심지어 점심시간에도 거의 말을 하지 않았다.

케이는 어떤 경우에도 속내를 드러내지 않았지만, 나는 케이의 마음속에서 수많은 생각의 톱니바퀴가 쉬지 않고 돌아가고 있다는 것을 막연하게 느낄 수 있었다. 내 수업 시간에 국한해서 말하자면, 케이는 안타깝게도 자신의 생각을 표현할 적절한 방법을 찾지 못했다. 실제로 케이는 수업 시간에 발표를 하려고 손을 든 적이 단 한 번도 없다. 특히 케이는 짝을 바꿔가며 몇 분 동안 문답을 주고받는 '돌아가며 말하기' 활동을 무척 싫어했다. 한마디로 말하는 것과는 거리가 먼 학생이었다. 심지어 모둠 발표를 할 때 자신이 맡은 부분을 발표하지 않으면 자신의 발표 점수는 물론이고 모둠 친구들의 점수까지 깎인다는 것을 알면서도 발표를 포기한 적이 있을 정도였다.

나는 어디선가 "고요한 물은 깊게 흐른다"라는 구절을 듣고 케이가 제일 먼저 떠올랐다. 케이가 겉으로는 잔잔한 호수처럼 말이 없지만 마음속에 수많은 생각을 감추고 있을 거라는 생각이 들었다. 케이가 속으로 무슨 생각을 하고 있는지 정말 궁금했다.

마침내 케이는 수업 시간에 진행된 백채널 토론[01]에서 자신의 생각을 표현했다. 백채널 토론은 학생들이 강의, 영화, 텔레비전 쇼, 파워포인트 프레젠테이션 등을 통해 정보를 얻는 도중에 온라인상에서 따로 참여하는 토론으로, 말이 아닌 글로 자신의 생각을 표현한다는 특징이 있다. 일반적으로 수업에서 백채널 토론을 하는 경우 학생들은 다른 학생들이 교사의 강의를 듣는 데 지장이 없도록 스마트폰과 같은 디지털 기기를 활용해서 백채널 토론에 참여한다.

나는 백채널 토론이야말로 학급에서 공개적으로 발표하기를 꺼리는 학생들이 자신 있게 자신의 생각을 표현할 수 있는 가장 적합한 방법이라고 생각한다. 모든 학생들이 백채널 토론에 참여해서 의견을 주고받는다면 어느 한 명에게만 관심이 쏠리는

---

01 대표적인 백채널 사이트로는 'TodaysMeet.com'이 있고, 앱으로는 'Bachchannel Chat'이 있다. 모두 무료로 사용 가능하며 한글로도 대화를 나눌 수 있다. 인터넷 메신저와 다른 점은 대화 내용을 컴퓨터에 저장하거나 인쇄할 수 있다는 것이다.

교과서가 사라진 교실

일이 벌어지지 않기 때문이다. 백채널 토론의 이런 특성 덕분에 학생들은 부담 없이 자신의 생각을 친구들과 공유하면서 자신 있게 의견을 표현하는 용기를 키울 수 있다. 백채널 토론은 학생뿐 아니라 교사에게도 도움이 된다. 모든 학생들이 자신의 생각을 글로 표현하면 교사는 학생들을 일일이 지목해서 발표를 시키지 않고도 학생들의 의견을 확인할 수 있기 때문이다.

이제부터 나는 케이가 백채널 토론에서 놀라운 모습을 보여줬던 이야기를 해보겠다.

어느 날 나는 어원학 수업을 시작하면서 학생들에게 질문을 던지는 대신 TodaysMeet.com이라는 간편한 백채널 토론 사이트를 소개하고 토론방을 만들었다. 학생들은 사이트에 자신의 이름을 입력하고 학급 토론방에 들어갔다. 나는 학생들이 이 온라인 토론방에서 마음껏 토론하고 질문하고 답하는 등 다양한 활동을 하게 할 생각이었다.

안타깝게도 나는 스페인어 수업을 진행하면서 케이와 온라인 공간에서 만날 기회가 없었다. 케이처럼 부끄러움이 많은 학생은 외국어로 자신을 표현하는 데 따르는 부담감을 쉽사리 극복하지 못한다. 결국 케이는 스페인어 수업에서 두려움을 극복하지 못했다.

그러나 어원학 수업에서는 사정이 달랐다. 나는 학생들과 백채널 토론을 시작하면서 친구의 질문에 답할 때는 지금 공부하고 있는 어원이 포함된 단어를 반드시 사용해야 한다는 조건을 내걸었다. 질문이 오가고 토론이 뜨거워질 무렵, 케이가 불쑥 나타나 말을 했다. 평소에 좀처럼 입을 열지 않던 케이가 어찌 된 일일까?

내가 생각하기에 그 이유는 두 가지다. 우선 온라인 토론방에서는 친구들에게 큰 목소리로 말할 필요가 없다. 그리고 친구의 질문에 답할 때도 여기저기서 쏟아지는 따가운 시선을 느낄 일이 없다. 수많은 대화가 오고가는 토론방에서 케이는 아무런 부담 없이 자신의 생각과 의견을 표현했다. 나는 그런 케이가 대견했고 케이의 마음속에 감춰진 생각을 알게 되어 무척 기뻤다.

나는 케이가 백채널 토론에 활발히 참여하는 모습을 보면서 지금까지 괜히 케이에게 모둠 프레젠테이션을 강요했던 건 아닌가 하는 후회가 들었다. 사실 내 의도는 단순했다. 나는 케이가 모둠 발표를 통해 두려움을 이겨내고 친구 앞에서 발표하는 게 생각만큼 어려운 일이 아니라는 것을 깨닫기를 바랐다. 그러나 모둠 프레젠테이션이 케이에게 성장의 기회가 되길 기대했던 나의 의도와는 다르게 결국 케이는 그 일로 인해 마음에 상처를 입고 말았다. 만약 다시 한 번 케이를 가르칠 수 있다면, 나는 케이가 마음속에 감춰둔 천재성을 마음껏 뽐낼 수 있도록 백채널 토론과 같은 다양한 발표 기회를 주고 싶다.

나는 교사가 행복한 경험뿐 아니라 쓰라린 경험을 겪으면서 비로소 교사다운 교사가 된다고 생각한다. 이 점에서 우리가 교사로서 취할 수 있는 가장 바람직한 자세는 "나는 이러저러한 교육을 하고 싶다"는 생각이 들면 곧장 실천에 옮겨 학생들에게 보다 좋은 교육을 제공하려고 노력하는 것이다.

케이가 백채널 토론에 활발히 참여하는 모습을 보면서 나는 오래된 교과서처럼 낡은 교육관을 버리고 수업 시간에 디지털 기술을 적극 활용해야 하는 이유를 깨달았다. 여기에는 여러 이유가 있지만 그중 하나는 바로 학생들의 불안감을 떨쳐내기 위해서이다. 수업 시간에 디지털 기술을 활용하면 부끄러움이 많은 학생도 편안하게 자신의 생각을 표현할 수 있다. 학생들 중에는 교실 앞에서 친구들의 시선을 한 몸에 받으며 발표하는 자신의 모습을 상상만 해도 자신감을 잃는 학생이 더러 있다. 이런 학생들에게 TodaysMeet과 같은 디지털 학습 도구는 친구들의 이목으로부터 자신을 보호해 주는 튼튼한 벽의 역할을 한다. 온라인 토론방에서 학생들은 단지 친구의 메시지에 응답하기만

하면 된다. 구체적으로 말하자면 학생들은 친구의 눈치를 볼 필요 없이 자신의 생각을 마음껏 표현하면 된다. 이러한 안전한 표현의 자유가 보장될 때 비로소 케이와 같은 학생도 발표에 대한 자신감을 기를 수 있고, 결국 모든 학생이 참여하는 수업이 이루어질 것이다.

불안감은 늘 사람을 초조하게 만든다. 학생들은 학교나 어디에서나 불안한 감정을 적절히 해소할 줄 알아야 한다. 교사가 수업을 통해 학생들이 가지고 있는 불안감을 극복하는 데 도움을 준다면, 교사는 학생들이 실생활에서 꼭 갖춰야 할 능력을 길러준 것이나 다름없다.

O4
학생들이 열정을 가질 수 있도록 힘을 불어넣어라

교사는 학생들이 자신도 모르고 있던 잠재력을 깨닫고
열정을 불태울 수 있는 일을 탐색하도록 힘을 북돋을 수 있다.

만약 여러분이 MBA를 취득하기 위해 경영 대학원에 입학했
는데 교수가 농사지을 때 꼭 알아야 할 것들만 가르치는 바람에
사업 계획을 작성하는 방법이나 손익 계산서에 대해 아무것도
배우지 못했다면 어떤 일이 벌어질까? 여러분이 대학원을 졸업
하고 나서 회사를 운영할 자신을 가질 수 있겠는가? 물론 아닐
것이다. 나는 여러분이 장래의 직업과 아무런 관련이 없는 강의
를 듣느라 투자한 시간과 에너지가 아까워 무척 화를 낼 것이라
고 자신 있게 말할 수 있다.

안타깝게도 학교에서는 이와 비슷한 일이 매년 반복된다. 요

즘 학교에서 학생들이 익히는 능력이나 태도는 장차 만나게 될 직장의 고용주가 바라는 인재상의 그것과는 거리가 멀다. MIT 의 연구 자료에 따르면, 1960년대 이후로 직장에서는 매뉴얼처럼 정해진 일(공장에서 기계 장치를 누르는 일을 떠올려보라)과 육체노동에 대한 수요가 꾸준히 줄어드는 추세라고 한다. 실제로 요즘 직장인들은 진행 과정이 불분명한 업무를 동료들과 상호협력하고 분석력을 발휘해서 처리한다. 간단히 말해서, 요즘 직장인들은 근육보다 두뇌와 상상력을 더 많이 사용한다.[01] 여기서 잠깐 생각해 보자. 정해진 일. 교실에서 볼 수 있는 학생들의 모습이 떠오르지 않는가? 어느 교실에서나 학생들은 주어진 과제를 해결하느라 정신이 없다. 구체적으로 말하자면, 학생들은 교사가 제시한 학습지를 풀거나 단순한 학습 활동을 해결한다.

학생들은 십 년이 넘게 학교를 다니면서 자신도 모르는 사이에 "들은 대로 행동하는" 마음의 습관을 가지게 된다. 수동적인 마음의 습관에 길들여진 학생들은 아마 이런 생각을 할 것이다. '나는 그렇게 하라고 들었기 때문에 학교에 간다. 나는 그렇게 하라고 들었기 때문에 학교에 도착하면 곧장 교실에 들어가

---

01 http://economics.mit.edu/files/9758

수업을 듣는다. 나는 그렇게 하라고 들었기 때문에 선생님이 수업을 잠시 멈추고 시험지를 나눠주면 시험지를 푼다. 이렇게 오랜 시간 동안 시키는 것을 잘 해내면 나는 학교를 무사히 졸업할 수 있다.'

창의력 전문가 켄 로빈슨Ken Robinson은 "Changing Education Paradigm"이라는 제목으로 TED에서 강의를 하면서 학생들이 현 교육 제도에서 나이를 먹어감에 따라 어떤 변화를 겪는지 역설했다. 강연에서 로빈슨은 이렇게 말한다. "학교에서 학생들은 십 년이 넘는 시간 동안 하나의 문제에는 하나의 답밖에 없다고 교육받습니다. 교사들은 이렇게 말하죠. '정답은 책의 맨 뒤에 나와 있다. 답지를 볼 생각은 꿈도 꾸지 마라. 친구의 답을 베끼는 것도 부정행위이다.' 그러나 학교 밖에서 우리는 다른 사람의 생각에 귀 기울여 문제를 해결하는 것을 협업이라고 부릅니다."[02]

이처럼 정해진 일과 수동적인 자세를 강조한 교육의 결과로 우리 학생들은 어떻게 성장했을까? 주변을 살펴보라. 십 대 청소년들은 의무교육을 마치고 나서도 자신이 어떤 사람이며 장차

---

02 http://www.ted.com/talks/ken_robinson_changing_education_paradigms

무슨 일을 하고 싶은지 전혀 알지 못한다.

학생들은 학교에서는 살아남는 법을 잘 알고 실천한다. 학습 활동을 소화하고, 교사의 지도에 따르고, 객관식 문제에서 정답을 선택하고, 원하는 성적을 받는 일에 능숙하다. 그러나 학생들은 졸업과 동시에 학교에서처럼 생각하고 행동할 수 없게 된다. 경제 전문가 데이브 램지Dave Ramsey가 말한 대로 자신의 힘으로 "밖에 나가 먹잇감을 사냥해 동굴로 끌고 와야" 하는 것이다. 그제야 학생들은 자신이 세상을 살아가기에 얼마나 준비가 미진한지 절실히 깨닫게 된다. 그리고 자신이 뭘 하고 싶은지 모르기 때문에 뜨거운 열정과 뚜렷한 목적을 가지고 직업을 찾는 대신, 닥치는 대로 이력서를 제출하고 간신히 직장을 구해 영혼 없이 직장 생활을 꾸려나간다.

나는 경험자로서 이런 사정을 훤히 꿰뚫고 있다. 학창 시절 나는 모범생이었다. 고등학교를 상위 10%라는 우수한 성적으로 졸업했고 장차 대학에서 저널리즘을 공부할 계획을 세웠다. 나는 대학교에서도 내 앞에 정해진 길을 착실하게 따라갔다. 대학교를 졸업할 때 학교에서 선정한 올해의 언론 학생으로 선정되었고, 졸업과 동시에 전도유망한 인턴 기자 생활을 시작했다.

사실 나는 대학교를 졸업하기 직전에서야 딱히 쓰고 싶은 기사가 없다는 것을 깨달았다. 대학교를 졸업하자마자 신문사에서 일할 계획이었지만 가슴속에 기자로 살아가겠다는 열정이 없었다. 나는 분명 글 쓰는 일을 사랑했다. 신문을 펼치면 느낄 수 있는 특유의 분위기를 좋아했다. 그러나 신문 기사를 쓰며 기자로서 경력을 쌓고 싶다는 열정이 없었다!

학부 시절에 나는 정치학을 부전공했기 때문에 기자가 되면 지역 정치에 관한 기사를 써야겠다고 마음먹었다. 그러나 기자가 된 후에 주정부를 찾아가 취재를 하는 것은 둘째 치고, 기자 생활을 하는 것 자체가 내 적성이나 역량과 어울리지 않는다는 것을 깨달았다. 그리고 사람들을 돕는 일이 내 적성과 능력에 적합하다는 걸 알게 되었다. 나는 기자가 아니라 학생들을 가르치는 교사가 어울리는 사람이었다.

나는 아내가 재직하고 있던 학교(내 아내는 중학교에서 사회를 가르쳤다)를 몇 번 방문하고 나서 교사가 되기로 결심했다. 그 뒤로 일어난 일은 말하자면 길다. 불행하게도 나는 대학교 때 저널리즘을 공부했음에도 불구하고 기자로서 경력을 쌓지 못했고, 교사가 되기 위해 다시 대학에서 교직 과목을 이수해야 했다.

학생들의 시야를 넓혀라

일단 교사가 교과서적인 교육관, 수업 방법, 교육과정을 버리기로 마음먹었다면, 큰 힘을 들이지 않고도 학생들이 자신의 열정을 불태울 수 있는 일을 찾도록 구체적인 도움을 줄 수 있다. 교사가 학생들로 하여금 "들은 대로 행동하는" 마음의 습관에서 벗어나게 하는 한 가지 방법은 수업 시간에 디지털 기기를 손에 들려주고 학생 스스로 방대한 인터넷의 세계에서 열정과 흥미에 부합하는 자료를 찾아내게 하는 것이다. 학생들은 간단한 인터넷 검색만으로도 자신의 흥미를 끄는 자료를 셀 수 없이 찾아낼 수 있다. 실제로 인터넷에는 학생들이 직접 찾아보고 학습할 수 있는 강의 영상, 사진 갤러리, 연구 자료, 블로그 포스트 등의 자료가 무척 많다.

학생들은 학교 안에서뿐만 아니라 밖에서도 인터넷으로 열정을 불태울 수 있는 일을 찾아낼 수 있다. 실제로 나는 내 처남을 지켜보면서 학생들이 인터넷을 잘 활용하기만 하면 교실 밖에서도 스스로 공부하고 실력을 쌓을 수 있다는 것을 알게 되었다. 내 처남은 농구에 미쳐 있는 8학년 학생인데, 어느 손으로나 점프 슛을 쏠 수 있을 정도로 농구공을 자유자재로 다룬다. 처남의 훌륭한 농구 실력은 유전으로 물려받은 선천적 재능과 오랜 기간 꾸준히 연습해서 쌓아올린 후천적 노력이 결합된 산물이다.

처남이 훌륭한 실력을 쌓게 된 데에는 인터넷의 영향이 매우 컸다. 처남은 인터넷에서 온라인 농구 강의를 찾아내 완벽하게 자기 것으로 소화하면서 농구 실력을 키워나갔다. 그는 강의 동영상을 비롯해서 프로 농구 선수의 멋진 동작을 담은 비디오 클립, 농구 훈련 영상, 체력 강화 훈련 영상 등을 모두 찾아봤다. 자신의 검색 능력이 허락하는 수준(내가 그의 나이였을 때는 상상조차 할 수 없었던 수준이다)에서 찾아낸 모든 인터넷 자료를 농구 실력을 키우는 데 활용했고, 결국 지역 내에서 넘버원 플레이어가 되었다.

처남은 훈련 중에 식이요법을 하는 방법이나 시합 전에 훈련을 계획하는 방법을 누군가에게서 배운 적이 없다. 그는 이 모든 것을 인터넷 검색을 이용해 스스로 학습했다. 처남은 집에 있는 컴퓨터를 활용해 자신이 꿈에 그리는 농구 선수가 되려면 꼭 알아야 하는 정보를 손쉽게 찾아냈다. 그런 다음 인터넷을 통해 배운 것을 실천에 옮겼다. 자신이 계획한 훈련 프로그램을 열심히 소화했다. 집 밖에 나가 볼 핸들링 연습을 했고, 손가락 끝에 좋은 느낌이 올 때까지 슛 자세를 고치고 또 고쳤다. 능력, 열정,

정보 획득, 연습 그리고 의지가 한데 모여 비로소 처남은 자신이 바라던 농구 실력을 가지게 되었다.

교사가 인터넷과 온라인 도구를 활용해 학생들의 능력을 키워주려고 할 때, 비로소 교사는 학생들이 자신도 모르고 있던 잠재력을 깨닫고 열정을 불태울 일을 찾아 나서도록 힘을 북돋을 수 있다. 예전에 내가 인터넷을 마음껏 사용해서 내가 원하는 정보를 검색할 수 있었다면 보다 일찍 교직을 선택했을까? 혹은 신문 기자로서 실패했을 때 느꼈던 좌절감과 허무함을 피할 수 있었을까? 솔직히 나는 잘 모르겠다. 그러나 내가 학교에서 수업다운 수업을 듣고 온라인에서 좋은 글과 영상을 많이 접했다면, 어려서부터 나는 무언가에 열정을 불태웠을 것이고 아마 나의 진로는 지금과 많이 달라졌을지도 모른다. 때로는 작은 불꽃이 모든 것을 태워버리기도 하니까 말이다.

05
교육을 개혁하라

교사는 어떤 과목, 어떤 학년을 가르치든
교과서를 넘어서서 생각할 줄 알아야 한다.

요즘 학생들이 교실에서 어떻게 지내는지 살펴보면서 교실의
분위기를 느껴보자.

- 제 시간에 등교해야 한다.
- 수업 종이 치기 전에 교실에 들어가야 한다.
- 조용히 앉아 있어야 한다.
- 수업 중에 떠들지 말아야 한다.
- 시험지를 다 풀어야 한다.
- 선생님 말씀을 받아 적어야 한다.

- 종이 치면 집에 가도 되지만 집에 가서 더 많이 공부해야 한다.

MIT의 연구 자료에서 수요가 줄고 있다고 밝혀진 두 가지 일이 무엇이었던가? 판에 박힌 일과 육체노동이다. 이번에는 정해진 매뉴얼대로 일하는 육체노동자들이 어떤 식으로 작업하는지 살펴보자.

- 제 시간에 출근해야 한다.
- 정해진 자리로 가야 한다.
- 잡담하면 안 된다.
- 조용히 업무를 처리해야 한다.
- 창의적인 생각은 필요 없다.
- 혁신적인 생각도 필요 없다.
- 정해진 시간까지 일하다가 퇴근해야 한다.
- 완전히 무기력한 상태로 집에 간다.

이제 여러분은 요즘 학생들의 학교생활이 육체노동자의 직장생활과 얼마나 비슷한지 눈치챘을 것이다. 놀랍게도 여전히 학교에서는 교사가 성실한 공장 근로자를 길러내기에 적합한 교육 방식을 고수하고 있다. 그러나 학생들이 장차 취직할 직장은 둘째 치고, 요즘 직장에서도 직장인들은 진행 과정이 불분명한 업무를 동료들과 상호협력하고 분석력을 발휘해서 처리한다. 이런 말을 한다면 나를 미친 사람 취급할지 모르겠지만 나는 지금 교육 제도에 확실히 문제가 있다고 생각한다. 요즘 학교에서 널리 활용되는 교육 방식은 산업혁명 시대를 살아가는 근로자가 생계를 유지하는 데에는 분명 도움이 되겠지만, 모두 알다시피 산업혁명은 이미 오래전에 막을 내렸다.

현재 우리는 디지털 혁명의 시대에 살고 있다. 이제 학교는 현재의 시장 혹은 미래의 시장이 요구하는 인재를 길러내야 한다. 방법은 간단하다. 교사들이 교육에 대한 교과서적인 교육관은 물론이고 교과서까지도 과감하게 내던져야 한다. 이처럼 교사들이 과감한 결정을 내릴 때 차츰 교육계가 개선될 것이고, 결국 모든 교사가 자신의 학급에서 보다 효과적이고 시대의 흐름에 맞는 수업을 할 수 있을 것이다.

사실 교육 개혁을 주제로 글을 쓰거나 토의를 하는 일은 쉽다. 일례로 우리는 교육에 대해 이야기를 할 때마다 우리가 바라는 교육의 청사진을 쉽게 말한다. 또한 우리는 현 교육 제도의 문제점을 비판하면서 교육 제도가 전반적으로 개선되어야 한다고 목소리를 드높인다. 그러나 교사가 사람들이 쉽게 말하는 교육 개혁을 실제로 이루어내려면 여러 문제에 부딪힌다. 예를 들어 교사는 다음과 같은 질문을 할 수 있다. '교육 개혁의 구체적인 뜻은 무엇인가?', '교사는 어떻게 해야 시대의 흐름에 부합하는 수업을 할 수 있을까?'

앞에서 나는 우리가 인터넷으로 지식이나 뛰어난 이론가들을 마음껏 검색할 수 있게 되면서 학습과 대화의 기회를 보장받게 되었다는 말을 했다. 이런 상황에서 더 이상 교사와 학교는 지식을 전파하는 데 독점권을 행사할 수 없다. 한 예로 요즘 우리는 일대일 강좌에서부터 대규모 온라인 강좌(예를 들어 MOOCs[01]를 활용하면 비싼 수업료를 내지 않고도 대학교 수준의 강의를 들을 수 있다)에 이르기까지 자신이 듣고 싶은 수업을 온라인 매체를 통해 언제 어디서나 학습할 수 있다. 나는 지금 인터넷 때문에 학교가 필요 없어졌다는 말을 하는 것이 아니다. 오히려 디지털 기술은 교사가 수업을 개선하는 데 큰 힘이 된다. 학생들이 컴퓨터를 이용해 수업을 듣는다고 상상해 보자. 학생들은 수업을 듣다가 구

---

01 MOOC는 '온라인 공개 수업(Massive Open Online Course)'의 약자이다. 스탠퍼드, 하버드 대학의 강의를 온라인에서 무료로 제공한 것이 시초로서 현재 많은 대학들이 MOOC 서비스를 제공하고 있다. 우리나라에서도 많은 대학들이 'K-MOOC' 서비스를 제공하고 있다.

교과서가 사라진 교실

글링(구글에서 검색하는 것)으로 중요한 개념을 검색하거나 어쩌면 교사가 알지 못하는 사실이나 개념을 알아낼 수 있을 것이다. 나는 학교에서 열심히 수업하는 교사의 학력이나 소양을 무시하는 것이 아니다. 다만 학생들이 인터넷에서 찾을 수 있는 지식의 폭과 깊이를 강조하는 것이다.

나는 교사의 중요한 책무가 학생의 질문에 일일이 답해 주는 것이 아니라 학생이 올바른 질문을 할 수 있도록 지도하고 스스로 질문을 해결하는 방법을 알려주는 것이라고 생각한다. 또한 교사는 학생들이 자신에게 유용한 지식을 최대한 활용할 수 있도록 지식 활용 능력을 길러줘야 한다. 여기에 더하여 교사는 학생들이 어떤 환경에서도 적응해서 살아갈 수 있는 능력을 신장시켜줘야 한다. 나는 교사가 이 모든 것을 디지털 기술을 활용한 수업에서 학생에게 가르쳐야 하고 충분히 가르칠 수 있다고 생각한다. 교육 개혁을 이루기 위해 교사가 해결해야 할 질문, 즉 '교육개혁의 구체적인 뜻은 무엇인가?', '교사는 어떻게 해야 시대의 흐름에 부합하는 교실과 학교를 만들 수 있을까?'에 대한 답은 이제 명확하다. 디지털 기술을 활용한 수업이 곧 시대의 흐름에 부합하는 수업이며, 이것이 곧 교사가 현실로 재현해야 할 교육 개혁의 구체적인 의미이다.

앨빈 토플러Alvin Toffler는《미래 쇼크(Future Shock)》에서, "21세기의 문명은 글을 읽을 줄 모르는 사람을 가리키는 말이 아니다. 문맹은 새로운 지식을 배우지 못하는 사람을 가리키는 말이다"라고 주장했다. 그의 주장은 교사에게도 똑같이 적용된다. 만약 교사가 예전에 배웠던 수업 방법을 잊지 못해 새로운 수업 방법을 다시 배우지 않는다면 시대에 뒤처진 교육을 할 수밖에 없다. 요즘 같이 하루가 다르게 세상이 변하는 시대에서는 이런 일이 그야말로 눈 깜짝할 사이에 벌어진다.

윌 리차드슨Will Richardson은《Why School? How education Must Change When Learning and Information Are Everywhere》라는 책을 썼다. 나는 이 책을 읽는 내내 수업 방식을 개선해야겠다는 생각을 끊임없이 했다. 그리고 내 수업 방식 중에서 시대의 흐름에 맞지 않아 개선이 필요한 부분을 정확히 알게 되었다.

위의 책에는 리차드슨이 래리 로젠스톡Larry Rosenstock(캘리포니아 주 샌디에이고에 위치한 혁신적인 학교인 High Tech High의 설립자)을 인터뷰한 내용이 담겨 있다. 인터뷰에서 로젠스톡은 교사가 패러다임의 전환을 이뤄내야 한다고 역설한다.

"학생에게 무엇을 공부해야 할지 그리고 언제 어떻게 공부해야 할지 말해 주지 마라. 이런 식의 교육은 학생의 학구열에 찬

물을 끼얹어 결국 학생의 자기 주도적 학습 능력을 신장시키지 못한다."

리차드슨의 책을 다 읽고 난 후, 나는 다음과 같은 의문이 제일 먼저 떠올랐다. 교육 내용 중에는 학생이 자기 주도적으로 학습할 수 있는 영역도 있지만 그렇지 않은 영역이 있지 않은가 하는 것이다. 예를 들면 내가 가르치는 고등학교 스페인어 과목이 그렇다. 새로운 언어를 학습하는 일은 스포츠나 음악과 같은 분야에서 특정한 기술을 갈고 닦는 것과 별반 다르지 않다. 말하자면 학생은 연습을 반복해야 한다. 이 점에서 스페인어 학습은 슈팅 능력을 향상시키기 위한 자유투 연습과 유사한 면이 있다. 그런데 학생이 자유투 연습을 아무리 반복한들 스스로 발견할 수 있는 것이 과연 있을까? 자유투를 반복하는 상황에서 "마음이 끌리는 것을 배워라"는 철학이 과연 유효할까? 결국 나는 이 질문에 답하려면 지금까지 내가 배운 교수법을 모두 잊어버리고 새로운 교수법을 배워야 한다는 것을 깨달았다. 결국 나는 학생이 자기 주도적으로 스페인어를 학습할 수 있는 방법을 창의적으로 고안해야 했다. 내가 생각해 낸 한 가지 방법은 학생 맞춤형 어휘 학습법이었다. 즉 학생들이 각자 흥미를 느끼는 어휘를 선택해서 연습하도록 한 것이다.

교사는 어떤 과목, 어떤 학년을 가르치든 교과서를 넘어서서 생각할 줄 알아야 한다. 교사는 그동안 배운 것을 잊어버리고 다시 배운 다음, 학생에게 보다 나은 학습 경험을 만들어줄 방안을 찾아내야 한다.

변화는 여러분과 함께 시작된다

교사가 개인적인 역량으로 전 세계 학생들의 학습 방법을 바꿀 수 있을까? 그럴 수도 있고 아닐 수도 있다. 물론 우리가 안전한 영역에 머무르며 현실에 안주하려는 교사나 행정가를 억지로 움직이게 할 수 없다. 또한 우리는 눈 깜짝할 사이에 모든 학교와 학구의 교육 시스템을 바꿀 수 없다. 그러나 우리가 교실에서나마 작은 변화를 만들어갈 수 있다는 것만은 분명한 사실이다.

제아무리 거대한 문도 조그만 경첩을 중심으로 돌아간다. 만약 우리가 수업 방법을 혁신적으로 개선할 수 있다면 주변 사람들에게 개인적으로 이루어낸 교육 혁명의 장점을 알려줄 수 있을 것이다. 예를 들어 우리는 각자 교실에서 수업 방법을 개선하고 그 결과를 소셜 미디어나 개인적인 대화 혹은 블로그를 통해 많은 사람들과 공유할 수 있다. 어떤 경우에도 우리는 자신의 업적을 교실이라는 테두리 안에 가두어버리는 일만큼은 하지 말아야 한다. 교육 공동체와 대중의 인식이 바뀌려면 우리는 진보적인 수업 방법을 사람들에게 계속 알려야 한다. 그렇지 않으면 학생들이 학습에 흥미를 느꼈을 때 어떤 마법 같은 일이 일어나는지 대중이 무슨 방법으로 알 수 있겠는가?

우리는 어떻게 교육을 개혁할 수 있을까? 이보다 간단한 질문은 '우리는 어떻게 교육을 개혁하지 않을 것인가?'이다. 이 질문의 답은 무척 간단하다. 아무것도 하지 않는 것이다. 좌절할 일이 생기지 않도록 가만히 있는 것이다. 교육의 어떤 부분이 개혁되어야 하는가 혹은 시대의 흐름에 맞는 교실은 어떻게 운영되어야 하는가와 같은 골치 아픈 문제에 대해서 침묵하는 것이다.

세상은 계속해서 변한다. 지금 학생들은 시대의 흐름에 뒤처지지 않기 위해 교사가 교과서적인 교육관을 내던지고 새로운 시각으로 교육을 바라보기를 간절히 바라고 있다. 또한 학생들은 교사가 현재 시장과 미래 시장의 요구를 확인해서 학생 자신에게 필요한 능력을 가르쳐주기를 바란다. 교육을 개혁하려면 노력이 필요하다는 데에 의문을 제기할 사람은 아마 없을 것이다. 그러나 힘이 든다고 해서 우리가 그야말로 아무것도 하지 않으면 학생들은 장차 곤란을 겪을 것이 분명하다.

06

교사는 더 이상 지식의 파수꾼이 아니다

이제 교사는 자신의 역할이 인터넷을 활용한 학습을 이끄는 가이드로
어느 정도 바뀌었다는 사실을 받아들여야 한다.

수십 년 전만 하더라도 책을 읽으려면 학교 말고는 달리 찾아
갈 곳이 없었다. 일반적으로 학교에는 도서관이 하나씩 있었는
데 도서관에 들어가보면 전교생이 모두 읽을 수 있을 정도로 많
은 책들이 책장에 꽂혀 있었다. 물론 도서관에는 교사가 학생들
에게 지식을 전달하는 데 도움을 주려는 목적에서 제작된 교과
서도 비치되어 있었다.

그때만 해도 교사는 지식의 파수꾼이었다. 교사는 도서관 열
쇠를 쥐고 있는 사람이었다. 교사는 교과서를 손에서 내려놓지
않았고 머릿속에 쌓아놓은 지식 덕분에 사람들의 존경을 받았

다. 이 지식 전문가는 학생들에게 지식을 하나하나 설명했고 학생들은 공책에 교사가 하는 말을 그대로 받아 적었다. 교사는 마을에서 손꼽히는 지식인이었기 때문에 '강단 위의 현인' 노릇을 하기에 부족함이 없었다.

당시는 대학교 졸업장만 있으면 안정적인 미래가 보장되던 시절이었다. 대학교에는 더 많은 지식을 가지고 있는 전문가, 즉 교수가 있었다. 교수는 어려운 공부를 마치고 학위를 받은 사람으로서 대개 엘보 패치가 덧대진 블레이저를 입고 학생들을 가르쳤다. 대학교에 입학한 학생들은 많은 지식을 흡수할 수 있는 캠퍼스에 머무르며 온종일 공부에 매달렸다.

당시의 상황을 요약하면 이렇다. 공부를 하고 싶다면 학교에 가야 한다. 성공하고 싶다면 대학교에 진학해야 한다. 대학교에 가서 졸업장을 받으면 적어도 중산층의 삶이 보장된다.

아, 그러나 시대가 변하고 말았다.

그럼에도 불구하고 일부 교사들은 '지식의 파수꾼'이라는 지위를 놓지 않으려고 안간힘을 쓴다. 아내와 내가 대학생이었을 때 우리에게 역사 강의를 해준 로버트 교수(가명)도 그중 한 사람이다. 그는 수십 년 동안 강의를 해오면서 단 한 번도 교수법을 바꾸지 않았다. 강의 노트도 늘 그대로였다. 교수는 강의실에 들어오면 책상에 서류 가방을 올려놓고, 가방에서 그가 손으로 직접 쓴 노란색 강의 자료를 잔뜩 꺼냈다. 교수는 책상을 대강 정리한 다음 학생 앞에 서서 한 시간 동안 강의 자료에 적혀 있는 내용을 그대로 불러줬다. 나는 교수가 하는 말을 이해하려고 애를 쓰고 노트에 적어보려고도 했지만 대부분 실패했다. 수업이 끝나면 교수는 노란색 강의 자료를 서류 가방에 도로 집어넣었는데, 아마 그 자료는 서류 파일로 다시 들어가 지금까지 그래왔던 것처럼 안전하고 깨끗하게 보관되었을 것이다.

로버트 씨가 교수로 임용돼 역사 강의를 맡았을 무렵(내가 그의 강의를 듣기 몇 년 전이다)에는 이른바 '서서 강의하는' 교수법이 인기였다. 도처에서 학생들이 그의 세계 역사 강의를 듣기 위해 몰려들었다. 한창 인기가 많던 시절에 로버트 교수는 그야말로 지식의 파수꾼이었다. 학생들은 로버트 교수의 허락이 있어야 역사 수업이라는 관문을 통과할 수 있었다. 씁쓸하게도 나는 내 대학 생활을 통틀어 최악의 학점을 받고 역사 수업을 간신히 통과했다. 아직도 대학에서 로버트 교수와 비슷한 방법으로 강의하는 교수들이 있다면 나는 그 교수들이 이제는 노란 강의 자료 대신 인터넷과 같은 초고속 정보 통신망을 활용해서 강의하기를 바란다. 다시 말하지만, 나는 교수들이 강의 시간에 디지털

교과서가 사라진 교실

기술을 수업에 적극 활용하기를 바란다. 왜 그래야 할까? 제아무리 멋진 엘보 패치를 옷에 덧댄다 하더라도 교수는 더 이상 지식의 파수꾼 노릇을 할 수 없기 때문이다.

파수꾼에서 안내자로

현재 몇몇 일류 대학들은 교문을 활짝 열고 대중이 원하는 우수한 강의를 제공하고 있다. 일례로, 스탠포드 대학교, MIT, 카네기멜론 대학교는 인터넷에서 무료 강의를 제공한다. 대규모 공개 온라인 강의(MOOCs) 대부분은 학생들이 원하는 시간에 등록해서 학생들이 원하는 속도로 학습할 수 있도록 계획되어 있다. 학생들은 무료로 최고 수준의 강의를 들을 수 있고 과정을 수료하면 배지[01]나 이수증을 받을 수 있다. 일반적으로 MOOCs는 공식적인 대학 학위를 수여하지 않지만 이것도 머지않아 가능할 것으로 보인다.

이미 온라인상에는 학생들이 꿈꾸는 수업(아니, 학생들의 기상

---

01 여기서 말하는 배지는 디지털 배지이다. 디지털 배지를 클릭하면 학생이 수료한 과정, 학습 과정, 성적 등을 자세히 알 수 있어서 학생이 특정 영역에 어떤 능력을 가지고 있는지 한눈에 알아볼 수 있다.

천외한 꿈을 넘어선 수준의 수업)이 준비되어 있다. 이제 학생들은
훌륭한 교수가 수업을 진행하는 강의실을 찾아 헤맬 필요가 없
다. 또한 자신이 공부하고 싶은 내용과 아무 관련이 없는 지루한
수업을 듣느라 애를 쓸 필요도 없다. 온라인 강의실의 문은 항상
활짝 열려 있기 때문에 학생들은 마음 내킬 때마다 정보의 대륙
을 자유롭게 돌아다니며 다양한 지식의 영역을 마음껏 탐색할
수 있다.

　일곱 살, 아홉 살 된 내 두 딸은 얼마 전 학교에서 멋진 요요
공연을 보고 요요에 마음을 빼앗겨버렸다. 요요 공연자는 멋진
요요 묘기를 보여주면서 누구나 노력하면 학교 안에서나 밖에
서나 챔피언이 될 수 있다는 메시지를 학생들의 마음에 심어주
었다. 요요 공연을 본 날부터 두 딸이 밤낮으로 무슨 생각을 했
을지는 뻔하다. 바로 요요 기술이다! 두 딸은 한 치의 망설임도
없이 요요 기술을 배우기로 마음먹었다. 요요 기술을 배우려면
어디로 찾아가야 할까? 아홉 살 캐시는 학교에서 돌아오자마
자 내게 이렇게 물었다. "아빠, 유튜브에서 슬리퍼(Sleeper) 하는
방법을 찾아봐도 돼요?" 슬리퍼는 'Walk the dog'이나 'Around
the world' 기술처럼 요요 줄을 끝까지 늘어뜨려 요요가 줄 끝에
서 돌게 하는 멋진 기술이다. 딸은 초등학교 3학년밖에 되지 않

앉는데 이전에도 유튜브에서 영상을 찾아보며 크리켓, 뜨개질, 마술 같은 것들을 배운 적이 있다. 그런데 요요를 못 배울 이유는 뭔가? 여기서 내 딸이 내게 슬리퍼 기술을 알려달라고 부탁하지 않았다는 점에 주목하자. 사실 나는 몇 년 동안 노력했음에도 불구하고 여태 변변한 요요 기술 하나 제대로 익히지 못했기 때문에 딸은 현명한 결정을 한 셈이다. 어쨌든 우리는 함께 유튜브에서 요요 동영상을 찾아봤고, 딸은 동영상을 보며 연습한 결과 점차 실력이 좋아지고 있는 중이다. 슬리퍼 기술을 자유자재로 구사하는 수준에까지 이르려면 꾸준히 연습해야겠지만 적어도 딸은 유튜브 동영상 덕분에 슬리퍼 기술의 원리만큼은 확실히 알게 되었다.

유튜브는 지난 몇 년간 전 세계에 큰 영향을 끼치고 있다. 그러나 교사들 사이에서는 유튜브를 어떻게 수업에 활용할 것인지에 대한 논의가 부족하다. 실제로 유튜브는 위키피디아[02], 구글과 함께 학생들이 새로운 것을 배울 때 제일 먼저 찾는 인터넷 매체이다. 아래와 같은 예를 살펴보자.

---

[02] 위키피디아는 온라인 사용자가 힘을 모아 함께 만들어가는 온라인 백과사전이다. 온라인 백과사전이기 때문에 사용자가 오류를 수정하거나 새로운 내용을 추가하기에 편리하다. 우리나라에서는 '위키백과'라는 이름으로 2002년경부터 만들어지기 시작했다.

- 마인크래프트를 할 때 지붕 만드는 방법이 궁금하면 유튜브에서 관련 영상을 찾아보면 된다.
- 좋아하는 텔레비전 프로그램을 보다가 역사적 인물에 대해 더 알고 싶어지면 위키피디아에서 검색해 보면 된다.
- 친구와 대화를 나누다가 궁금한 게 생기면 스마트폰을 켜고 구글링을 해서 해결할 수 있다.

이제 학생들은 위에서 말한 것들을 배우려고 도서관이나 교사를 찾지 않는다. 학생들은 각계각층의 사람들이 정보를 공유하는 인터넷을 이용한다. 학생들은 인터넷에 돌아다니는 정보 대부분이 전문가의 점검을 받지 않았다는 사실을 별로 개의치 않는다. 그리고 나는 이 책을 읽는 여러분도 이 점을 별로 신경 쓰지 않을 거라고 생각한다. 실제로 유튜브나 위키피디아와 같은 사이트가 생겨난 이후로 사이트 이용자 대부분은 정직한 자세로 정확한 정보를 공유해 왔다.

나는 여러분이 인터넷에서 마음껏 정보를 얻을 수 있는 시대가 도래한 탓에 자신의 쓸모가 다해 버렸다고 낙심하지 않기를 바란다. 여러분은 학생들에게 꼭 필요한 존재이다. 사실 요즘 학생들은 사실이나 개념이 궁금해지면 여러분을 찾는 대신 인터넷을 활용하려고 할 것이다. 그러나 학생들은 여러분의 지도와 안내가 없다면 앞으로 자신이 꾸준히 매진할 분야를 발견하기 힘들 것이다. 학생들에게는 지식을 하나하나 설명해 주는 교사가 필요한 것이 아니다. 학생들은 자신이 관심이 있는 분야를 찾거나 자신이 정확히 어떤 사람이 되고 싶은지를 알아내는 데 도움을 줄 멘토나 가이드가 필요하다. 분명히 말하지만, 이제 교사는 자신의 역할이 인터넷을 활용한 학습을 이끄는 가이드로 어느 정도 바뀌었다는 사실을 받아들여야 한다.

학교는 지난 세기 동안 달라진 점이 별로 없다. 교사는 학생들에게 지식을 전수하고 전통적인 수업 방법을 답습하면서 우리 부모님이나 조부모님 세대가 경험했던 것과 비슷한 학교 문화를 만들었다.

교육에 대한 태도나 사고방식, 즉 교육관은 교사와 학생의 성공을 좌지우지하는 핵심적인 요인이다. 교사는 교실에서 아주 작은 변화를 만들어내기만 해도 종전의 적대적이고 차가운 교실 분위기를 친절하고 따뜻하게 바꿀 수 있다. 만약 여러 교사들이 종전의 낡은 교육관을 버리고 새로운 시각에서 교육을 바라본다면 학교 차원에서 보다 큰 변화가 일어날 것이다. 참신한 시각으로 교육을 바라보는 교사는 능률적으로 교직 생활을 이어가면서 자신이 교사가 된 것을 진심으로 감사하게 생각할 것이다.

이어지는 장에서 우리는 교사의 역할에 대한 전형적인 교육관을 살펴보고, 수업에 별 도움이 되지 않는 교육관을 과감하게 던져버린 뒤 보다 생산적인 교육관을 모색해 보겠다.

Part 2

교과서적인 교육관은 이제 그만!

07

개인화하라

교사는 '올바른 질문'이 아니라
학생들의 생활과 밀접한 질문을 해야 한다.

여러분은 예전에 졸업 앨범에서 어떤 사진을 제일 먼저 찾아봤을까? 보통 사람들은 자기 사진부터 찾아본다. 여러분은 아마 목차에서 자신의 사진이 몇 페이지에 실렸는지부터 확인했을 것이다. 그리고 학급 사진이 실린 페이지를 펼쳐서 자신의 프로필 사진이 잘 나왔는지, 이름은 정확하게 적혀 있는지 살펴봤을 것이다. 또한 자신이 운동하는 모습, 공부하는 모습, 친구와 어울리는 모습 등이 사진에 잘 찍혔는지 꼼꼼히 확인했을 것이다. 그 다음에는 누구를 찾아봤을까? 일반적으로 사람들은 친한 친구의 사진을 찾아본다.

어른들은 자신과 관련된 모든 일에서 자신의 모습을 확인하고 싶어 한다. 이미지 혹은 다른 사람에게 자신이 어떻게 인식되는가 하는 문제에 무척 관심이 많기 때문이다. 자신의 이미지를 인정하기 싫은 경우에도 마찬가지이다.

학생은 어른과 다를까? 한 사람의 일생에서 자기중심적인 사고가 고등학생 때 가장 뚜렷해지지만 않았다면 고등학생들을 가르치고 있는 내 이마가 석양이 지는 들판처럼 넓어지는 일은 없었을 것이다.

학생들이 졸업 앨범에서 자신의 사진부터 보고 싶어 한다면 수업에서도 마찬가지 아닐까?

세계어(World language) 교수 방법으로 대화법을 고안해 낸 블레인 레이Blain Ray는 교사가 수업 시간에 학생들에 관한 이야기를 할 때 비로소 학생들이 교사의 말에 귀를 기울인다고 주장한다. 블레인 레이는 《Fluency Through TPR Storytelling》에서 "수업 내용이 개인화될 때 학생들은 수업에 더 집중하고 수업 내용을 더 정확히 기억한다. 학생들의 생활에서 대화의 소재가 될 만한 사건을 뽑아내라. 중요한 학교 행사나 국가 행사를 주제로 짤막한 이야기를 들려줘라. 학생들이 즐겨 먹는 음식을 대화의 소재로 삼아라. 이것이 바로 '개인화'이다."

세계어를 가르치는 교사로서 나는 학생들이 이미 배웠거나 앞으로 학습할 어휘와 문법만 사용해도 사실상 어떤 이야기든 학생에게 들려줄 수 있다. 한 예로 종종 나는 간단한 어휘와 문법을 사용해서 학생들이 유명한 스타로 등장하는 이야기를 들려준다. 또 학생들에게 잊지 못할 경험담, 예를 들면 짙은 안개가 끼어 어쩔 수 없이 두 시간 늦게 등교해야 했던 경험담도 들려준다.

나는 교과서에 제시된 문제나 활동을 별로 좋아하지 않는다. 나는 학습 활동을 스스로 계획하는 과정에서 내 학생들을 주요 캐릭터로 등장시킨다. 학생들의 삶을 수업 내용으로 활용하는 것이다. 동일한 내용을 여러 학급에서 가르쳐야 하는 경우에는 워드 프로세서의 '찾아 바꾸기' 기능을 이용해서 간단하게 학생의 이름을 바꾼다.

이렇듯 세계어를 가르칠 때 학생들에게 개인화된 학습 활동을 제시하는 것은 무척 간단하며, '개인화'라는 원칙은 다른 교과목에도 그대로 적용될 수 있다.

- 사회 교사는 주변에서 볼 수 있는 사회적 갈등이나 우리 사회에 큰 영향을 끼친 역사적 사건을 학생들의 생활에

비유해서 설명할 수 있다.

- 과학 교사는 학생들에게 과학적 절차나 개념을 실제로 체험하게 하거나 자신의 생활에 비유해 보게 함으로써 개인화된 학습 경험을 제공할 수 있다. 예를 들어 미토콘드리아(mitochondria)는 잭이 밤늦게까지 말짱한 정신으로 Xbox 게임을 하기 위해 마시는 에너지 드링크 레드 불(Red Bull)에 비유될 수 있다.
- 문학은 그 자체로 학생들의 삶과 닮아 있기 때문에 학생들이 읽고 있는 책 내용을 개인화하기는 무척 쉽다.

질문으로 관련짓기

때로 교사는 학생들에게 질문을 제기해서 개인화된 학습 경험을 제공할 수 있다. 우리는 오랫동안 회자되었지만 마땅한 답을 찾을 수 없는 질문들을 익히 알고 있다. 그 질문은 대략 이런 것이다.

- 왜 우리는 사랑하는 사람에게 상처를 줄까?
- 왜 펩시콜라가 코카콜라보다 맛있을까?(혹은 반대일까?)

- 아무도 없는 복도에서 처음 보는 사람과 마주치면 눈을 어디에 둬야 할까?
- 내 삶의 목적은 무엇일까?
- 나는 왜 여기에 존재할까?
- 내 삶은 어디로 가야 할까?

우리는 위 질문에 대해 그럴듯한 답을 할 수 있다. 또 각자의 성장 배경에 따라 위 질문을 자신의 삶과 관련지어 설명할 수 있다. 그러나 교사는 학생들에게 위의 질문 대신 '올바른 질문'을 해야 한다. '올바른 질문'이란 이런 것이다.

- 성취 기준을 달성하는 데 도움이 되는 질문
- 시험 준비에 도움이 되는 질문
- 수업 내용을 이해하는 데 도움이 되는 질문

어쩌면 교사는 '올바른 질문'에서 눈을 돌려 학생들의 생활과 밀접한 질문을 해야 할지도 모른다.

- 왜 남학생은 여학생에게 학교에서 열리는 무도회에 같이

가자고 해놓고서 무도회가 열리기 일주일 전에 여학생을
차버릴까?

- 지금까지 살면서 배신당한 적이 있었는가?
- 배신 대신 취할 수 있는 행동은 무엇이며 왜 우리는 다른
  사람의 마음에 상처를 덜 주도록 행동해야 하는가? 혹은
  왜 그렇게 행동하지 않는가?

    수업 시간에 교사가 이러한 질문을 한다면 학생들은 자연스럽
게 수업 내용을 자신의 경험과 관련지어 생각하게 된다. 말하자
면 교사는 서로 다른 배경을 가진 학생들이 공통적으로 고민할
만한 질문을 제시해서 학생들의 생활과 교과 내용을 관련지을
수 있고, 이 관련에 근거해서 비로소 교과 내용을 학생들에게
가르칠 수 있다. 학생들이 자신의 생활과 수업 내용 양쪽 모두에
관련된 질문을 듣고 어떤 반응을 보일지 상상해 보라.

    구체적인 수업 장면을 상상해 보자. 초급 대수학을 배울 때
학생들은 등호 양쪽의 계산식을 해결해 문제를 푼다. 이것은 일
종의 균형을 맞추는 일이다. 등호를 기준으로 양쪽이 정확한 균
형을 이루지 못한다면 문제를 잘못 푼 것이다. 우리 삶에서도 이
런 균형은 중요하다. 만약 교사가 수업 중에 "남자 친구나 여자

친구에게 푹 빠져버려서 가족들이 고생했던 경험이 있나요?"라고 학생들에게 질문한 다음 5분 정도만 대화를 나눠도 학생들은 수업 내용을 이전과는 다른 관점에서 파악하게 된다. 여기서 중요한 것은 학생들이 자신의 생활과 관련된 질문을 해결하면서 자신의 모습을 되돌아보게 된다는 것이다. 이 점에서 교사는 학생들이 혼자의 힘으로는 해결하기 어려워서 도움이 필요한 문제 상황이 무엇인지 충분히 고려한 후에, 그 문제를 스스로 반추할 수 있도록 질문을 제시하는 것이 바람직하다.

그렇다면 일상생활에서 사람들이 중요하게 생각하는 균형에 대해 대화하는 것이 초급 대수학 문제를 푸는 데 도움이 될까? 분명히 몇몇 교사는 코웃음을 치면서 그런 방법은 헛소리에 가깝다고 치부할 것이다. 그러나 만약 여러분이 교사로서 용기를 가지고 이와 같은 방법을 수업에 적용한다면 나는 학생들이 자신의 생활과 교과 내용을 관련지어 문제를 해결하는 놀라운 모습을 보여줄 것이라고 장담한다.

중학교 사회 교사 카리 카탄자로Kari Catanzaro는 지형에 관한 수업을 하면서 가사에 지형이 들어간 곡목을 만들어 학생들의 생활과 수업 내용을 관련지었다. 카리 카탄자로가 선택한 곡은 〈Ain't No Mountain High Enough〉, 〈The Climb〉, 〈Proud

Mary〉, 〈Mountain Music〉이었다. 학생들은 이 노래들을 듣고 지형을 나타내는 단어가 음악과 삶에서 어떻게 비유적으로 활용되는지에 대해 열띤 대화를 나눴다. 화산같이 버럭 화를 내는 사람, 언덕처럼 굴곡진 인생, 침실처럼 편안한 안식을 주는 오아시스와 같은 나만의 장소 등등.

카리 카탄자로는 이렇게 말했다. "평소와 다르게 학생들이 완전히 수업에 몰입했어요. 내가 제안하지도 않았는데 학생들은 자신의 인생을 지형에 비유하면서 대화를 나눴고 나는 학생들의 대화를 들으면서 연민과 공감의 감정을 느꼈어요. 지형에 관한 어휘를 활용해서 대화를 한 덕에 학생들은 인생의 값진 교훈을 얻은 것 같아요. 다음에도 이런 방법으로 수업을 할 계획입니다."

교사가 잠시만이라도 교과서를 버릴 수 있다면 그리고 학생들의 생활을 교과 내용과 관련지을 수 있다면 교사는 학생들이 다음과 같은 큰 질문에 대답하는 데 도움을 준 셈이 된다. 내 삶의 목적은 무엇일까? 나는 왜 여기에 존재할까? 내 삶의 방향은 어디인가?

교사가 수업 내용을 학생들의 삶과 관련지어 제시할 때 비로소 학생들은 자신이 공부하고 있는 내용 안에서 자신의 모습을 발견하게 될 것이다. 말하자면 교과와 삶을 스스로 관련짓는 것이다. 학생들은 교과 내용을 내면화하고 자신의 삶에서 교과 내용이 얼마나 중요한지 깨닫게 될 것이다. 이것이 바로 교사가 바라는 학생의 모습이 아닐까?

08

학생의 마음을 얻고 좋은 영향을 미쳐라

교사는 자신이
교과 지식만 전달하는 사람이 되길 바라지 않는다.

여러분은 왜 교사가 되었는가? 근무 시간 때문에? 명예? 월급? 아마 아닐 것이다. 학생의 삶에 변화를 일으키고 싶은 간절한 마음 때문이 아니었을까?

마지막 질문에 고개를 끄덕였다면 여러분은 학생들에게 좋은 영향을 주려고 교사가 된 것이다. 사실 교사는 자신이 교과 지식만 전달하는 사람이 되길 바라지 않는다. 교사는 학생의 삶에 긍정적인 영향을 미치길 바란다.

나는 데일 카네기Dale Carnegie의 《카네기 인간관계론(How to Win Friends and Influence Peoples)》를 읽고 내 개인적인 삶과 교사

로서의 삶에 큰 영향을 받았다. 이 책은 1936년에 출판되었지만 이 책의 내용은 우리가 진리라고 부르기에 조금도 부족함이 없다.

나는 고등학생 시절에 학교에서 데일 카네기 코스(Dale Carnegie Course)[01]를 수료했는데 그때 배운 인간관계의 원칙과 발표 기술을 아직도 유용하게 활용하고 있다. 한 예로 나는 그때 익힌 발표 자료를 준비하는 방법, 발표 연습을 하는 방법 그리고 대화하는 방법 등을 지금도 그대로 적용하고 있다(나의 아버지는 내가 데일 카네기 코스에서 배운 것을 학생들을 가르칠 때 활용할 수 있도록 도움을 줬는데, 특히 '발표'라는 용어를 '대화'로 바꿔 부르면 어떻겠느냐고 내게 제안했다. 일반적으로 학생들은 '발표'라는 말만 들어도 공포심을 느끼기 때문이다).

나는 데일 카네기 코스를 수료한 이후에도 코스에 조교로 참가할 기회가 많았기 때문에 그때마다 데일 카네기의 원칙을 되뇌이며 어떻게 하면 교육에 접목할 수 있을까 고민했다. 데일 카네기의 원칙 중 대부분은 우리가 세상을 살아가는 데 필요한 상

---

01   데일 카네기 코스는 1912년에 처음 시작되어 현재 80여 개국에서 진행되고 있다. 데일 카네기 코스는 효과적인 발표 방법, 세일즈 방법, 리더십 훈련, 프레젠테이션 훈련 등 다양한 영역의 교육 프로그램으로 구성되어 있다.

식에 해당한다. 단지 우리가 그 상식을 은연중에 잊어버리거나 실천에 옮기지 못하는 것이 문제이다. 나는 이 책이 예비 교사를 위한 교육과정 관련 도서에 포함되지 않은 것이 어불성설이라고 생각한다. 그리고 예비 교사들이 필수 이수 과목과 교육법 서적에 매달리는 것보다 카네기의 책을 제대로 읽고 실천하는 것이 훌륭한 교사가 되는 데 더 큰 도움이 된다고 확신한다.

지금부터 교사가 학생의 삶에 긍정적인 영향을 미치는 데 카네기가 말하는 여섯 가지 원칙이 어떤 도움이 되는지 살펴보자.

1. 상대방이 인정받는다고 느끼도록 행동하고 진심으로 인정하라.

교사는 학생들에게 "잘했어"라고 툭 던지듯 말하는 것 이상의 행동을 해야 한다. 학생들은 교사가 의무적으로 건네는 칭찬을 기가 막히게 알아차린다. 그러나 교사가 진심에서 우러나온 솔직한 말을 학생들에게 들려준다면 학생들은 자신이 중요한 사람이라고 느낄 것이고 교사 이름으로 개설된 관계 은행 계좌에 거액을 입금할 것이다. 교사가 "정말 잘했어. 이유가 뭐냐면…", "어제 경기에서 정말 대단하던데. 왜냐하면…", "넌 잘 해낼 거야. 왜냐하면…"과 같은 구체적이고 진심이 섞인 칭찬을 할 때마다 관계 은행의 계좌에 쌓인 잔고는 점차 많아질 것이다. 관계 은행의 계좌에 입금이 많이 되면 될수록 교사는 학생들과 단단한 인간관계를 맺을 수 있다. 많은 학생들의 경우, 교사가 자신에게 관심을 보이며 들려줬던 그 따스한 말이 어쩌면 하루 동안이나 일주일 동안 들었던 유일한 격려의 말일지도 모른다.

2. 자신이 잘못을 저질렀을 때에는 빠르고 분명하게 인정하라.

교사는 물론이고 보통 사람들도 자신의 잘못을 인정하기를 극도로 꺼린다. 내가 아는 몇몇 교사들은 교실에서 보스나 통치자로서 군림하려고 잘못을 저지르고 나서도 장황한 변명을 구구절절 늘어놓는다. 과거에는 학생들이 그런 변명을 받아들였겠지만 요즘에는 구글에 검색해 보면 단 몇 초 만에 교사의 실수를 알아차릴 수 있다. 얼핏 생각하기와는 다르게, 교사가 학생들에게 진실한 모습, 실수를 저지르는 인간적인 모습을 보여주면 교사와 학생의 신뢰 관계는 더욱 단단해진다. 그리고 카네기에 따르면, 우리가 잘못을 저지르고 난 후 가능한 빠르고 분명하게 "내가 틀렸어"라고 인정할 때 사람들 사이에서 일어나는 소모적인 갈등을 피할 수 있고 종종 남의 실수를 놓치지 않고 공격하려는 사람들도 안정시킬 수 있다.

나는 스페인어 수업을 하다가 새로운 단어가 나오면 학생들에게 나를 가르칠 기회를 준다. 특히 내가 새로운 단어를 모를 때에는 학생들이 직접 그 단어의 뜻을 인터넷에서 찾아보고 나를 가르치게 하는데, 겉으로 보면 별다른 변화가 없어 보일지 몰라도 학생들은 이 과정에서 상당한 자신감을 키우게 된다. 교사가 수업 중에 실수를 했을 때 학생들에게 어느 부분이 틀렸으며 그 부분은 어떻게 수정해야 하는지를 설명하게 하면 학생들은 자신감을 두 배로 키울 수 있다.

3. 상대방이 선뜻 "맞아요"라고 대답하게 하라.

이 원칙은 언뜻 보면 미묘해 보이지만 실로 강력한 효과를 발휘한다. 우리는 다른 사람의 입에서 "맞아요"라는 말을 반복해서 이끌어낼 때 그 사람의 마음에 보다 긍정적인 사고방식을 심어줄 수 있다. 카네기의 책에는 세일즈맨이 잠재적인 고객들에게 간단한 질문(간단한 사실을 묻는 질문 혹은 "맞아요"라는 대답을 할 수 밖에 없는 질문)을 건네면서 상품을 홍보하는 영업 방법에 관한 내용이 실려 있다. 잠재적인 고객들은 "맞아요"라는 대답을 반복하다 보면 어느 순간 상품에 대해 긍정적인 생각을 하게 된다는 것이다. 교사는 이 "맞아요"의 원칙을 언제든 활용할 수 있도록 늘 염두에 둬야 한다. 이 원칙이 매번 효과를 발휘하지는 않겠지만 적어도 학생들에게 수용적인 사고방식을 심어주는 데에는 무척 효과적이다.

4. 다른 사람을 비판하기 전에 자신의 실수를 먼저 이야기하라.

교사도 예전에는 학생이었다. 교사도 치기 어리고 기운과 열정을 주체하지 못하는 초등학교 2학년 학생이었던 시절이 있다. 또한 매사에 확신이 없고 서툴고 호르몬의 영향을 받던 십 대 시절을 거쳤다. 나는 필요 이상으로 실수를 많이 했던 학생이었다. 학생들에게 지금 저지르는 실수가 앞으로도 계속 반복되지는 않을 거라고 말해 주자. 카네기는 저서에서 이렇게 말한다. "우리가 다른 사람의 잘못을 지적하기에 앞서 자신도 완벽한 사람이 아니라는 것을 겸허히 인정한다면 세상을 살아가면서 당신의 잘못을 꼬치꼬치 들춰내는 장황한 잔소리를 들을 일은 없을 것이다."

5. 명령하지 말고 의견을 물은 뒤 부탁하라.

사람들은 의사 결정 과정에 자신의 의견이 반영되기를 바란다. 그러나 대부분의 학교에서 학생들은 주도권을 행사하지 못한다. 교사가 학생들에게 이러저러한 것을 하라고 시키는 것과 해줄 수 있느냐고 물어보는 것 사이에는 작은 차이가 있지만, 이 차이는 교사와 학생의 관계를 결정짓는 큰 변수이다. 학생들에게 무엇인가를 부탁할 때 "해줄 수 있어?", "힘들지 않으면 이것 좀 해줄 수 있어?"라는 말을 덧붙이면 교사와 학생이 훨씬 인간적인 관계를 맺을 수 있다. 때로는 '부탁하는 말'이 자아내는 미묘함 때문에 학생들이 교사의 의도를 이해하지 못하고 엉뚱한 행동을 하는 경우가 있다. 내가 부드러운 말로 부탁을 했는데도 학생들이 내게 "싫다"고 말하거나 아예 무시하는 경우가 있다. 그럴 때 나는 교사가 학생에게 상냥하게 부탁하는 것은 결국 학생의 동의를 이끌어내기 위한 과정이라는 것을 그들에게 웃는 얼굴로 간략하게 설명해 준다.

6. 자신의 생각을 극적으로 표현하라.

수업 시간에 교사가 눈에 띄는 행동을 하면 학생들은 그 장면을 마음에 새기게 된다. 카네기는 자신의 책에서 금전 등록기 판매원이 한 식료품 가게에 가서 구식 등록기 때문에 매번 계산을 할 때마다 손해가 발생하고 있다는 것을 극적으로 일깨워준 일화를 소개한다. 그 판매원은 손님 한 명이 산 물건을 계산할 때마다 얼마나 손해가 발생하는지를 생생하게 보여주려고 실제로 가게 바닥에 동전을 집어 던졌다고 한다. 카네기는 이렇게 말한다. "단지 진실을 말하는 것만으로는 충분하지 않다. 진실은 분명하고 흥미롭고 극적으로 드러나야 한다. 당신에게는 쇼맨십이 필요하다. 영화는 쇼맨십으로 가득하다. 텔레비전 프로그램도 마찬가지이다. 만약 당신이 사람들의 관심을 원한다면 기꺼이 쇼맨십을 발휘해야 한다."

학생들이 인정하든 않든 교사는 학생들에게 큰 영향을 끼친다. 교사가 교실에서 앞의 여섯 가지 원칙을 꾸준히 활용한다면 매 순간 현명한 결정을 내려야 하는 학생들에게 큰 도움을 줄 수 있다. 그리고 더 나아가서 교실에 긍정적인 분위기를 조성하고 학생들이 보다 나은 사람이 되는 데 큰 도움이 될 것이다.

09
과제에 맞춰 도구를 선택하라

훌륭한 교육은
훌륭한 도구를 지배한다.

디지털 기술은 화려하다. 수업 시간에 아이패드, 크롬북, 핸드폰 같은 디지털 기기를 사용하면 자신이 꽤나 멋진 사람이 된 것 같은 착각에 빠진다. 디지털 기기를 사용할 때면 기술의 최첨단에 서 있는 듯한 기분이 든다.

수많은 사람들이 기술의 최첨단에 서려고 노력하고 있지만, 과연 화려한 기술이 교사가 지향하는 궁극적인 목적이 될 수 있을까? 사람들이 대체로 인정하듯이, 기술은 대단한 일을 해내는 데 결정적인 촉매 역할을 한다. 교사와 학생의 경우에는 기술의 도움을 받아 보다 효과적인 수업을 할 수 있다. 예를 들어 교실에서 컴퓨터를 활용하면 다음과 같은 이점이 있다.

- 학생들은 보다 빠르고 효율적으로 글을 쓰고 협업할 수 있다.
- 교사는 손쉽게 평가를 실시해서 학생들의 이해 정도를 확인할 수 있다.
- 교사는 일일이 시험지를 채점할 때보다 훨씬 빠르게 학생들의 성적을 확인할 수 있다.

지난 수십 년 동안 기술이 얼마나 발전했는지 살펴보라. 내가 어린아이였을 때만 해도 학생들은 Math Blaster나 Oregon Trail과 같은 교육용 게임을 하면서 디지털 기술을 접하고 공부했다. 반면 요즘에는 교실에서 증강 현실과 트위터를 사용하는 것이 일상이 되었다. 과거의 교실과 현재의 교실을 비교해 보면 우리는 다음과 같은 한 가지 공통점을 발견할 수 있다. 즉, 훌륭한 교사는 수업의 목적을 달성하기 위한 수단으로 수업 도구를 활용한다는 것이다.

교육에 활용되는 기술에는 엄연한 한계가 있다. 어떤 경우에도 컴퓨터나 태블릿이 교육의 본질이 될 수는 없다. 예를 들어

벨 링거(Bell-ringer)[01] 활동을 살펴보자. 벨 링거 활동의 일환으로 교사가 디지털 평가 도구인 Socrative.com[02]을 이용해서 학생들에게 퀴즈를 풀게 하면 짧은 시간에 학생들의 이해 정도를 파악할 수 있다. 그러나 교사가 부팅하는 데만 5분 이상이 걸리는 9년 차 컴퓨터를 사용해야 하는 형편이라면 짧은 시간에 끝내야할 활동을 소화하기 위해 수업 시간의 절반을 보낼 수밖에 없다. 이런 경우는 얼마든지 있다. Socrative.com을 예로 들어보겠다. Socrative.com을 활용하면 학생들이 Exit Ticket Quiz[03]를 풀면서 자신의 학습 과정을 되돌아보고 학습 내용을 정리할 수 있다. 이런 활동은 학생들이 자신의 학습 내용을 되새겨보고 교사가 학생의 이해 정도를 한눈에 파악하는 데 큰 도움이 된다. 더 자세히 말하자면 교사는 학생들의 응답 결과를 엑셀 파일로 다운받아 학생들의 학습 실태를 상세히 분석할 수 있다. 그러나 Socra-

---

01 Bell-ringer 활동은 학생들이 교실에 들어오자마자 수업 내용과 관련된 문제를 해결하면서 학습에 몰입할 수 있도록 실시하는 다양한 활동을 일컫는 말이다. 교사는 수업 전에 칠판에 간단한 문제를 적어놓고 학생들이 교실에 도착하면 문제를 해결하게 한다. 'Class Starter'나 'Warm ups'라는 이름으로도 불린다.

02 Socrative.com을 활용하면 문제 출제, 채점, 결과 확인을 손쉽게 할 수 있다. 컴퓨터에서뿐 아니라 핸드폰에서도 앱(Socrative Teacher, Socrative Student)을 다운받아 사용할 수 있다.

03 학생은 Exit Ticket Quiz에서 '오늘 수업 내용을 얼마나 잘 이해했는가?', '오늘 수업에서 무엇을 배웠는가?', '교사의 질문에 답하세요'라는 세 가지 질문에 답해야 한다. 학생의 응답은 엑셀 파일로 자동 저장되어 교사가 일목요연한 형태로 확인할 수 있다.

교과서가 사라진 교실

tive.com을 활용한 활동이 학생들이 직접 손을 들어 자신의 이해 여부를 표현하는 것만큼 신속하게 끝나는 것은 아니다. 교사는 경우에 따라 학생들이 손을 들게 하는 것(여기에는 그 어떤 기술력도 필요하지 않다)만으로도 학생들의 이해 정도를 확인할 수 있다. 또 학급 학생 전체를 대상으로 손을 들게 하면 눈 깜짝할 사이에 모든 학생의 이해 정도를 파악할 수 있다.

결론은 이것이다. 교육이 기술을 이끌어야 한다. 그리고 수업에 디지털 기술을 적용하는 교사의 교육관은 다음과 같이 요약될 수 있다. 훌륭한 교육은 훌륭한 도구를 지배한다.

디지털 학습에 관심이 많은 교사들은 이 교육관이 이상하게 느껴질지도 모른다. 요즘 디지털 기술의 위상이 어떤가. 디지털 기술은 사람들의 관심을 끄는 기삿거리다. 또한 디지털 기술은 늘 수많은 학생, 관리자, 교원 공동체의 주목을 받는다. 유명한 교사가 작성한 트위터에는 수업에 적용할 수 있는 디지털 도구들이 가득 적혀 있다. 앱, 웹사이트, 디지털 기기 등등. 그러나 이렇게 디지털 도구에 관심이 집중되는 상황일수록 교사는 초점을 잃으면 안 된다. 교사는 언제나 학생들에게 초점을 맞추고 학생들을 위해 어떤 수업을 하는 것이 최선인지 고민해야 한다.

나는 고등학교 교사로 재직하면서 수업 시간의 소중함을 깨닫게 되었다(한 시간에 45분씩, 총 180일 동안 이어지는 수업 시간 말이다). 나는 예상치 못한 학교 행사나 아침 조회, 현장체험학습 때문에 수업 시간이 줄어들 때마다 남아 있는 수업 시간이 무척 소중하게 느껴지고 수업 시간이 평소보다 빠르게 지나가는 듯한 착각에 빠지곤 한다. 이런 사정 때문에 나는 학생들의 학습에 도움이 되지 않는 겉만 번지르르한 디지털 도구에 수업 시간을 할애할 여력이 없다. 나는 학생들이 보다 빠르고 효율적으로 학습하는 데 확실히 도움이 되는 디지털 기술을 엄선해서 수업 시간에 활용한다. 학교에서는 알찬 수업이 모든 것의 우위에 있어야 한다. 바로 이것이 디지털 시대에 교사가 명심해야 할 가장 중요한 원칙이다.

따라서 교사는 늘 신중한 태도를 견지해야 한다. 교사는 학생들이 보다 나은 사람으로 자라나는 데 도움이 되지 않는다면 그 어떤 화려한 디지털 기기에도 현혹돼서는 안 된다. 나는 디지털 기기, 웹사이트, 앱을 수업에 적용하는 것이 귀찮고 피곤해서 전통적인 수업 기술에만 의존했던 지난날을 떠올리면 얼굴이 금세 붉어진다. 그러나 그때마다 나는 기술은 어디까지나 도구이지 목적이 아니라는 사실을 떠올린다. 학생들이 실제로 무엇을 배웠는지가 핵심인 것이다.

디지털 기술을 사용하지 않는다고 해서 부끄러워할 필요는 없다. 중요한 것은 효율과 능률이다. 그리고 우리가 가르치는 학생들이 핵심이다. 디지털 기술과 혁신적인 아이디어를 수업에 적용하는 데 필요 이상으로 두려움을 느껴서는 안 되겠지만, 교육공학 분야에서 매일 같이 쏟아지는 차세대 디지털 도구의 화려함에 현혹돼서도 안 된다.

진정한 차세대 주자들은 교실에서 수업을 준비하고 있다. 차기 주자는 다음 세대를 이끌어갈 학생이다. 디지털 기술을 따라가다가 학생들을 놓치지 말자.

10

디지털 기술을 활용하는 교사가 명심해야 할 것

새롭게 디자인하라.

학습의 의미를 살려라.

디지털 기술을 수업에 적용하는 데에는 그만한 대가가 따른다. 돈, 시간, 노력 등등. 교육계는 아직 디지털 기술을 적용한 수업에 대해 구체적인 청사진을 마련하지 못한 형편이다. 그럼에도 불구하고 학교 현장에서는 디지털 기술을 수업에 도입해야 한다고 목소리를 높이고 있다.

디지털 기술이 수업에 성공적으로 녹아든다면 수업은 한층 개선될 것이 분명하다. 학생들은 디지털 기술을 활용해서 이전에는 상상도 못 했던 일들을 수업 시간에 경험할 수 있다. 그러나 그 반대의 경우에 학생들은 캐나다의 공립학교 교장이자 교육 연설가인 조지 커로스_{George Couros}가 지적한 대로 "1,000달러 짜리 연필"을 쥐게 될 것이다. 즉, 연필과 공책만 가지고서도 충분히 할 수 있는 일상적인 학습 활동을 위해 터무니없이 비싼 학용품을 구입하는 것과 유사한 상황이 벌어지는 것이다.

어떻게 해야 교사는 디지털 기술을 수업에 적용해서 최고의 효과를 얻을 수 있을까? 어떻게 해야 교사는 수업에서 디지털 기기를 최대한 활용할 수 있을까? SAMR[01] 모델은 교사가 수업에 적합한 디지털 기술을 선택하고 사용하고 평가하는 데 큰 도움이 된다..

Substitution - 대체

'대체'는 이전의 도구 대신 새로운 기술을 사용하는 것을 말한다. (예 : 손으로 문서를 작성하는 대신 타자기를 사용하는 것)

Augmentation - 보강

'보강'은 보다 향상된 기술을 사용하는 것을 말한다. (예 : 워

---

01 SAMR 모델은 루벤 R. 푸엔테두라(Ruben R. Puentedura) 박사가 개발했다. 이 모델에 대한 더 자세한 내용이 궁금하거나 푸엔테두라의 다른 글을 살펴보고 싶으면 다음을 참고하라. http://hippasus.com/blog

Redefinition – 재정립

교사가 기술을 활용하여 이전에는 상상도 할 수 없던
새로운 과제를 만들어내는 단계

혁신

Modification – 변형

교사가 기술을 활용하여
과제를 새롭게 바꾸는 단계

Augmentation – 보강

교사가 이전에 사용하던 도구 대신 보다 편리한 기술을 이용하여
동일한 과제를 능률적으로 수행하는 단계

향상

Substitution – 대체

교사가 단순히 이전에 사용하던 도구 대신
새로운 기술을 이용하여 동일한 과제를 수행하는 단계

SAMR 모델

드 프로세서로 문서를 작성하면서 맞춤법 검사 기능을 활용하는 것)

Modification - 변형

변형은 기술을 활용하여 과제를 하나부터 열까지 새롭게 디자인하는 것을 말한다. (예 : 학생들은 연필과 종이로 문서를 작성하는 대신, 블로그에 포스트를 작성한 다음 친구들끼리 서로 댓글을 달면서 대화를 나눌 수 있다.)

Redefinition - 재정립

재정립은 기술을 활용해 이전에는 상상도 할 수 없었던 새로운 과제를 만들어내는 것을 말한다. (예 : 학생들은 전 세계 사람들과 블로그 포스트를 공유하는 것은 물론이고 댓글로 대화를 나눌 수도 있다.)

SAMR 모델 개발자이자 교육 컨설팅 회사 히파수스(Hippasus)의 창업자인 루벤 R. 푸엔테두라Ruben R. Puentedura 박사는 대체 단계와 보강 단계를 '향상'의 차원으로, 변형 단계와 재정립 단계를 '혁신'의 차원으로 분류했다. 여기에는 그럴 만한 이유가 있다.

내 경험에 의하면 교사가 보강 단계를 뛰어넘어 변형 단계로 나아가는 것은 무척 어렵다. SAMR 모델을 반으로 나누는 점선은 철로 된 가시 울타리와 비슷하다. 조금 과장된 면이 있지만 그만큼 나는 보강 단계와 변형 단계 사이에 뛰어넘을 수 없는 장애물이 놓여 있는 듯한 느낌을 자주 받는다. 그 울타리를 뛰어넘으려면 교사는 대체 단계와 보강 단계로부터 과감하게 뛰쳐나와야 한다. 간단히 말해, 교사는 종전의 학습 활동을 창문 밖으로 던져버리고 새로운 활동을 구안해야 한다.

의미 있는 과제를 새롭게 디자인하는 것! 바로 이것이 변형 단계에서 교사가 해야 할 일이다. 새롭게 디자인하라. 학습의 의미를 살려라. 기존의 학습 활동에서 내용은 그대로 차용하고 활동 방식만 바꾸려고 소중한 시간과 열정을 투자할 교사는 아마 없을 것이다. 대신 교사는 보다 유익한 학습 활동, 전통적인 교육 방법으로는 할 수 없었던 학습 활동을 만들어내야 한다. 그리고 만약 그 학습 활동이 기술력의 도움을 받지 않으면 불가능한 것일 경우, 교사는 보강 단계에서 변형 단계로 발돋움했다고 보아도 좋을 것이다.

그렇다면 교사는 구체적으로 어떤 과정을 거쳐야 보강 단계와 변형 단계를 가로지르는 높다란 울타리를 넘어설 수 있을까? 아래에서는 그 과정을 설명해 보겠다.

1. 목표를 확실히 정하자.

학생들이 배워야 할 것은 무엇인가? 학생들은 수업이 끝난 후에 무엇을 할 수 있어야 하는가? 학생들이 해결할 세부적인 과제에 얽매이지 말고 최종적인 목표에 집중하자.

2. (동일한 수업을 다시 하는 경우) 이전에 적용했던 학습 활동을 점검하고 장점을 파악하자.

학생들이 특별하게 받아들였던 부분은 무엇인가? 학생들의 사고력을 자극했던 부분은 무엇인가? "이 학습지는 참 좋았다" 혹은 "이 학습지에는 학습 내용이 잘 정리되어 있다"는 식으로 생각하지 말길 바란다. 대신 학생들이 학습 활동을 통해 얻은 구체적인 경험 그리고 지식과 능력에 초점을 맞춰 학습 활동의 장점을 살펴보자.

3. 이전에 적용했던 학습 활동의 장점을 살리는 동시에 학습 목표를 달성하는 데 도움이 될 디지털 도구를 찾자.

교사 특유의 안목을 발휘해 앱과 웹사이트를 훑어보자. 앱과 웹사이트는 셀 수 없이 많다. 인터넷에서 검색해 보면 수많은 앱과 웹사이트를 직접 확인할 수 있다. 디지털 도구를 사용하는 방법을 잘 모르더라도 개의치 말고, 학습 목표를 달성하고 학습 활동의 장점을 살리는 데 도움이 될 도구를 살펴보자.

4. 마음을 열자.

브레인스토밍을 하는 동안에는 나쁜 질문, 좋은 질문을 구별하는 것이 아무 의미가 없다. 이와 마찬가지로 교사는 학생들이 학습 목표를 달성하는 데 도움이 될 가능성이 조금이라도 있다면 어떤 수업 방법이나 도구라도 진지하게 살펴봐야 한다. 수업에 적용할 디지털 도구를 찾는 일은 일종의 여정과 비슷하다. 불안한 기분이 들더라도 여정을 받아들여라. 모험을 하고 있다고 생각하라.

5. 디지털 도구를 활용한 학습 활동을 마음껏 떠올리자.

학생들이 학습 목표에 도달하기 위해 디지털 도구를 어떻게 활용하면 좋을지 고민하고 떠오른 생각을 모두 나열하자. 그런 뒤 교사가 바라는 유형의 학습 활동을 정하고 이 학습 활동을 기준 삼아 마음에 들지 않는 순서대로 아이디어를 지워가면서 선택

교과서가 사라진 교실

의 범위를 좁혀나가자. 이 과정이 무난히 끝난다면 교사는 앱이나 디지털 도구를 활용한 최선의 학습 활동을 얻게 될 것이다.

6. 의견을 수렴하자.

학생들에게 수업의 목표는 무엇이며 목표를 달성하기 위해 학습 활동을 어떻게 전개할 것인지 그리고 어떤 디지털 도구를 어떻게 활용할 계획인지 차례대로 설명하자. 그런 다음 학생들의 의견을 수렴하자. 어쩌면 학생들은 학습 활동에 대한 색다른 아이디어나 활동 방법 혹은 새로운 디지털 도구를 제안할지도 모른다. 동료 교사와 수업 방법에 관해 협의를 하거나 소셜 미디어에 글을 올려서 다양한 사람들에게서 피드백을 받자.

7. 수업 계획을 완성하고 실행에 옮기자.

처음 써보는 디지털 도구를 전문가처럼 다루기는 힘들겠지만 일단 계획을 세웠으면 실행에 옮기는 것이 중요하다. 학생들은 무척 영민하기 때문에 교사가 새로운 수업 계획을 실행할 때 기술적인 부분에 도움을 줄 것이다. 이것만은 꼭 명심하자. 학생들이 교사의 수업에 도움을 준다고 하더라도 교사의 지위가 떨어지는 것은 아니다. 단지, 교사는 학생들과 함께 학습하고 있을 뿐이다. 양발에 힘을 주고 뛰어오르자. 교사가 첫 번째(혹은 스물한 번째) 시도에서 완벽한 수업을 하지 못한다 하더라도(혹은 차마 고개를 들 수 없는 수업을 한다 하더라도) 학생들은 새로운 수업을 시도하는 교사의 도전 정신을 감사하게 생각할 것이다.

8. 유연한 자세를 견지하고 항상 변화할 준비를 하자.

수업이 처참한 실패로 끝난다 하더라도 그 계획을 수정하거나 다음에 다시 시도하겠다는 마음을 가지자. 교사는 완벽할 수도 없고 그럴 필요도 없다. 두문자어 'FAIL'(First Attempt In Learning, 실패는 배움의 첫 번째 시도)은 교사도 명심해야 할 글귀이다.

수업에서 새로운 시도를 한 다음에는 반드시 수업 과정을 되돌아보자. 학생들에게 새로운 학습 활동을 하면서 특히 어떤 점이 좋았는지, 수업 내용을 학습하는 데에 어떤 점에서 도움이 되었는지 물어보자.

만약 여러분이 '아, 이 모든 단계를 거쳐야 하고, 이렇게 할 일이 많다니!'라는 생각을 하고 있다면, 걱정 따위는 떨쳐내도 좋다. 위에서 설명한 단계들은 교사가 디지털 도구를 수업에 적용할 때마다 매번 따라야 할 필수적인 과정이 아니다. 디지털 도구를 수업에 몇 번만 적용해 보면 새로운 수업 방법, 새로운 디지털 도구를 눈 깜짝할 새에 평가할 안목을 갖추게 될 것이다. 적어도 처음에는 시간을 들여 여덟 단계를 차근차근 소화하면서 수업 시간에 디지털 기술을 활용하는 것을 추천한다. 새로운 수업 계획을 작성하는 데 들인 교사의 시간과 돈 그리고 노력은 분명히 결실을 맺을 것이다.

SAMR 모델의 변형 단계에 도달하는
열 가지 방법

1
문화 교류하기

내 학생들은 수업 시간에 스페인 학생들과 문화 교류를 하는 행운을 누리고 있다. 나는 수업 시간에 스카이프 영상통화를 활용해 내 학생들과 스페인 학생들이 한 명씩 짝을 지어 사전에 정한 주제에 대해 토론을 하거나, 하고 싶은 이야기를 마음껏 나누도록 한다. 대화가 끝나면 학생들은 각자 제 2외국어(스페인어나 영어)로 대화 내용을 주제로 글을 쓰고 상대편 학생이 실수한 부분을 고쳐주는 활동을 한다. 이미 나는 몇 차례에 걸쳐 블

로그 포스트를 통해 이 문화 교류 수업을 소개한 바 있다.[01]

2
블로그 운영하기

글쓰기 능력은 여러 교과에서 요구되는 핵심적인 역량이다. 요즘 학생들은 블로그에 글을 써서 전 세계의 독자와 만나는 신선하고 짜릿한 경험을 할 수 있다. 학생들은 공개적인 블로그에 글을 쓴 다음 다양한 경로(예를 들면, 학교 홈페이지, 학교에서 정기적으로 발송하는 뉴스레터, 트위터, 구글 플러스 커뮤니티)를 통해 자신의 글을 수많은 사람들과 공유할 수 있다. 블로그에 댓글이 달린다면 학생들은 생전 만나본 적 없는 사람과 의견을 나눌 기회를 얻게 될 것이다.

3
세계적 관점 갖기

학생들은 디지털 기술을 활용해서 전 세계의 학생들과 대화를 나눌 수 있다. 대화 주제가 역사적 사건, 특히 양국이 모두 관

---

01 http://ditchthattextbook.com/2014/03/20/10-tips-to-more-meaningful-skypes-in-the-classroom/

련된 사건이면 더욱 좋다. 양국의 학생들은 구글 문서, 블로그와 같은 곳에 역사적 사건에 대해 자신이 알고 있는 사실을 정리하고 서로의 글을 읽으며 의견을 주고받을 수 있다. 학생들은 한 가지 사건이 다른 나라 학생의 관점에서는 어떻게 해석되는지를 확인하면서 세계에 대한 관점을 넓히게 된다.

4
지역 사회 지원 경쟁하기

이 선의의 경쟁은 자신이 살고 있는 지역 사회의 문제(예를 들면 지역 사회의 탄소 배출량 줄이기)를 해결하는 것을 목표로 계획된 프로젝트에 세계 여러 나라의 학생들이 참가해 실제로 문제 해결을 위해 노력하는 형태로 진행된다. 지역 사회 지원은 대략 다음과 같은 절차로 진행된다.

우선 학생들은 인터넷이나 공유된 구글 문서에 아이디어를 모은다. 그리고 스카이프, 페이스타임, 구글 행아웃의 영상통화 기능을 활용해 문제 해결 방안을 주제로 토론을 벌인다. 전문적인 지원이 필요한 경우에는 인근 대학교나 회사의 연구원을 파트너로 지정해 도움을 받는다. 마지막으로 학생들은 1년 동안 문제 해결을 위해 노력한 결과를 다큐멘터리 형식으로 만들어

유튜브에 게시하고 공유한다.[02]

5
전자책 출판하기

예전에는 상상도 못 했던 일이지만 요즘에는 학생들이 전자 책을 출판해서 전 세계의 독자들에게 공개할 수 있다. 실제로 학생들은 자신이 공을 들인 학습 결과물과 조사 자료를 디지털 방식으로 생산되고 분배되는 전자책에 담아 전 세계 사람들과 공유할 수 있다.

일반적으로 학생들은 iBooks Author[03]나 epub[04], pdf 파일을 만들 수 있는 출판 플랫폼(예를 들면 마이크로 소프트 퍼블리셔[05]나 구글 앱 등)을 활용해서 전차책을 출판한다. 학생들은 자신의 전자책을 무료로 제공할 수도 있고 자선 단체나 도움이 필요한 여러 기관을 위한 후원금을 마련하기 위해 아마존과 같은 전자책

---

02 (출처: ECISD Technology) https://sites.google.com/a/ecisd.net/ecisdtech/echs-rocks-with-technology/choose-your-own-adventure/redefining-technology-with-instruction-rti/samr-example--high-school

03 http://www.apple.com/ibooks-author/

04 epub는 전자 출판(electronic publication)의 약자로서 전자책이 갖추어야 할 표준 포맷을 뜻한다.

05 마이크로소프트 퍼블리셔(Microsoft Publisher)는 마이크로소프트 오피스의 추가 프로그램으로서 웹디자인, 전자출판과 관련된 다양한 예제를 제공한다.

서점에서 적절한 가격에 판매할 수도 있다(전자책과 관련된 내용은 존 스미스Jon Smith 교사가 운영하는 학급의 사례를 참고했다.[06])

6
트위터 사용하기

트위터는 훌륭한 교육 매체가 될 수 있다. 한 예로 학생들은 트위터를 통해 다양한 사람들과 의사소통하는 능력, 자신의 생각을 140자 이내로 표현하는 능력을 기를 수 있다.

트위터를 활용해서 다른 학생들(혹은 그 어떤 사람과도 어디에서나)과 협업하며 글을 쓰는 프로젝트를 진행해 보면 어떨까? 예를 들면 교사는 트위터에 적절한 해시태그를 포함하여 이야기의 시작 부분을 적고 학생들은 이야기의 전개 과정에 대해 다양한 아이디어를 모은 다음 글을 쓴다. 마지막에 교사와 학생들은 지금까지 모인 글들을 편집해서 이야기를 완성하고 독자를 기다린다.

---

06 http://mrsmithtrt.weebly.com/class-ebooks.html

7
스케치노팅 활용하기

RSA 홈페이지에 들어가서 아티스트들이 동기에 관한 연설 내용을 시각적으로 표현한 비디오 영상[07]을 본 사람은 스케치노팅이 무엇인지 잘 알 것이다.[08] 이미 시중에는 스케치노트[09]를 할 수 있는 디지털 기기가 많이 출시되어 있다. 완성된 스케치노팅 영상을 인터넷에 게시하면 많은 사람들과 공유하면서 다양한 피드백을 얻을 수 있다.[10]

8
북마크와 메모하기

우리는 Diigo.com과 같은 사이트를 활용해 다시 찾고 싶은 사이트를 북마크, 즉 즐겨찾기에 등록해 놓고 웹페이지에 주석도 달 수 있다. 예전에 학생들은 책을 읽다가 메모를 하고 싶으면

---

07 https://www.thersa.org/discover/videos/rsa-animate

08 마이크 로드(Mike Rohde)는 스케치노트를 이렇게 정의한다. 스케치노트란 글씨, 그림, 활판술, 도형, 화살표, 박스, 선과 같은 시각적 요소를 총동원하여 만들어내는 시각적 요소가 풍부한 노트이다.

09 http://www.schrockguide.net/sketchnoting.html

10 http://blog.kathyschrock.net/2013/11/sarm-model-musings.html

포스트잇에 의존하거나 책 한쪽 구석에 메모해야 했다. 그러나 요즘에는 사이트를 북마크하고, 웹페이지에 주석을 달거나 중요한 부분을 형광색으로 표시한다. 학생들은 Diigo를 활용해 주석을 달아놓은 웹페이지를 서로 바꿔봄으로써 재미있는 토론을 벌일 수 있다.

9
Nearpod 프레젠테이션

Nearpod.com은 프레젠테이션의 수준을 한층 향상시켰다. 이 앱의 특징은 파워포인트와 달리 발표자가 통제 기능을 활용할 수 있다는 것이다(이 앱은 무료이다). 교사는 학생들의 스마트폰이나 태블릿에 디지털 프레젠테이션 자료를 전송하고 학생들에게 보여지는 화면을 통제할 수 있다. 학생들은 프레젠테이션 자료에 응답하는 등 다양한 활동을 하고 교사는 학생의 학습 과정을 실시간으로 확인할 수 있다.

10
구글 문서로 종이 없는 교실 만들기

이제 교사는 종이로 학습지를 출력해서 학생들에게 숙제로 나눠주고 걷는 대신 종이를 아예 사용하지 않고 수업을 진행할 수 있다. 학생들은 구글 문서나 에버노트와 같은 앱을 사용해서 편리하게 글을 쓰고 편집할 수 있다. 학습지를 완성하면 바로 공유할 수 있고 누구든 수정이 가능하다. 학습지 내용에 대해 할 말이 있으면 누구든지 채팅방을 열어 의견을 내거나 문서 한쪽에 자기 생각을 글로 남기면 된다. 최종적으로 완성된 학습지는 디지털 기기만 있으면 어디서나 확인할 수 있다. 이런 방식으로 수업을 운영하면 결국 교수와 학습이 모두 개선되며 수업다운 수업이 이루어진다.

11

학생에게 주도권을 넘겨라

학생들에게 학습할 내용을
스스로 선택하게 하라.

얼마 전 나는 결혼하고 나서 처음으로 샀던 신혼집 바로 옆에
집 한 채를 더 마련했는데, 솔직히 말해 그 집은 쓰레기장과 별
반 다르지 않았다. 전 집주인이 집을 아수라장으로 만들어놓고
떠났기 때문이다. 이 집이 황폐해진 데에는 그럴만한 사연이 있
는데, 집주인은 집을 압류당하고 나서부터 집을 전혀 돌보지 않
았다고 한다. 부엌에는 1950년대에 만들어진 철제 수납장이 떡
하니 버티고 있었는데, 수납장 주위로 접착식 타일이 보기 싫게
일어나 있었다. 벽은 담배 연기가 켜켜이 쌓여 만들어진 노란 얼
룩으로 뒤덮여 있었다. 위층의 카펫에 대해 말하자면… 아, 여러

분의 비위를 생각해서 나는 그 카펫이 깔린 집에서는 사람이 살수 없다는 말만 해두겠다.

우리 부부는 겨울 내내 더러운 곳을 뜯어내고 벗겨내고 도색하고 손질해서 집의 외관을 깨끗하게 꾸몄다. 쓰레기장 같던 곳이 마침내 집이라고 불릴 만한 곳으로 재탄생한 것이다. 그리고 얼마 후 이 집은 월세로 들어온 다섯 식구를 위한 완벽한 안식처가 되었다. 우리 부부가 이 집에 쏟아부은 피와 땀 그리고 석고보드 마감재를 따져보면, 나는 월세든 뭐든 간에 생전 처음 보는 사람에게 이 집의 열쇠를 건네주는 게 내키지 않았다. 하지만 다행스럽게도 입주자는 거의 모든 면에서 완벽했다. 우선 담배를 피우지 않았다. 집에서 파티도 하지 않았다. 애완동물도 키우지 않았다. 입주자는 월세를 내면서 이 집에 사는 게 너무 행복하다고 내게 말했다. 사실 그 입주자 가족은 모든 집주인이 바라는 이상적인 세입자였다.

그러나 그 가족에게는 한 가지 재미있는 면이 있었다. 입주자들은 집을 보수하는 데에는 손가락 하나 까딱하지 않았다. 입주자들은 세 들어 사는 동안 페인트칠을 한 적이 한 번도 없다. 카펫을 새로 사지도 않았다. 창문, 문짝, 욕실의 세간도 있는 그대로 놔두었다. 입주자들은 단지 내 집에 살면서 월세를 낼 뿐이었다.

내 이야기가 재미있는가? 그다지 재밌지는 않을 것이다. 그들은 세입자일 뿐이다. 일반적으로 세입자는 집주인의 집에 시간, 돈, 에너지를 투자하지 않는다. 남의 집을 가꿔봤자 주머니 사정이 나아지지 않는데 왜 시간과 돈을 투자하겠는가? 세입자는 계약 기간이 끝나서 자신이 살던 집을 집주인에게 되돌려줄 때 그 집의 가치를 높인 것에 따른 돈을 받을 수가 없다. 왜냐하면 그 집은 애초부터 자신의 집이 아니기 때문이다.

이 점에서 학생은 세입자와 같은 입장이다.

학생들은 학습의 주인이 되기 전까지는 스스로 학습하려고 하지 않는다. 학생들은 교실에 세를 들어 살거나 교실의 주인이 되거나 둘 중의 어느 한 경우에 속한다. 우선 교실에 세를 들어 사는 학생의 경우를 살펴보자. 세입자 학생들은 순전히 의무감 때문에 학교에 온다. 학생들은 교사가 많은 것(즉, 지식)을 알려 줘도 그것이 자신의 삶과 어떤 관계가 있는지 짐작조차 하지 못한다. 그래도 학생들은 부모님의 강요를 이기지 못해 우수한 성적을 받곤 한다. 부모님이 강요하지 않았던들 세입자 학생들은 성적에 목을 매지 않을 게 뻔하다. 세입자 학생들은 꼭 해야 하는 만큼만 노력한다. 적어도 자신에게 더 이익이 되는 일이 생기기 전까지는 그렇다.

반면, 교실의 주인이 된 학생들은 마치 헌신적인 경비원처럼 자신의 학습을 관리한다. 주인 학생들은 내가 집 벽에 페인트를 칠하고 테두리를 입힐 때처럼 세심한 주의력을 발휘하며 수업을 듣는다. 학생들이 심도 있는 질문을 하면 평범한 수업 시간이 개성과 흥미로 넘쳐나고 결국 수업의 가치가 높아진다. 이들은 학습의 주인이다. 학생들은 교실이 자신의 터전이며, 교실에서 쏟은 노력이 언젠가 커다란 이익을 안겨줄 게 분명하다는 걸 알기 때문에 수업 시간의 가치를 높이려고 노력한다.

교사가 세입자 학생으로 하여금 교육과 관련된 계약서에 도장을 찍고 학습의 주인이 되게 하려면 어떻게 해야 할까? 이 질문은 백만 달러짜리 질문이다.

해답은 교사가 학생들로 하여금 학교와 학습에 대한 생각을 바꾸도록 가르쳐야 한다는 것이다. 사실 모든 교사는 학생들이 학습 내용의 가치를 개인적 목표와 관련지어 이해하도록 가르치는 것을 목적으로 삼아야 한다. 이 해답을 내 입장에서 해석하자면, 나는 학생들에게 지금 배우는 내용이 미래에 자신이 이룰 꿈과 어떤 관련이 있는지 알려줘야 한다. 외국어 교사로서 나는 이러한 관련을 셀 수 없이 파악하고 있다. 대학교, 여행, 직업, 외국어를 배우지 않으면 말도 못 붙일 세상의 많은 사람들과 교류하기 등등. 과목과 상관없이 모든 교사는 학생들이 교과 내용을 잘 배우면 장차 교실 밖에서 성공적인 삶을 꾸리는 데 어떤 면에서 도움이 되는지 정확히 꿰뚫고 있다고 나는 확신한다. 교사는 교과와 삶의 관련성을 자신만 알고 있을 것이 아니라, 학생도 그 관련성을 확실히 파악하도록 가르쳐야 한다.

교육과 삶의 관련을 파악하는 것 이외에 학생들이 교육의 주인이 되게 하는 좋은 방법은 학생들에게 교육의 주도권을 넘겨주는 것이다. 겉으로 보기와 달리 학생들은 자신이 무엇을 공부하고 싶은지 정확히 알고 있다. 또한 자신이 무엇에 관심이 많은지도 알고 있다. 이런 상황에서 교사가 학생들에게 주도권을 넘겨서 학생들이 스스로 공부하도록 하는 게 무엇이 문제란 말인가. 학생들은 자신이 하는 모든 일에 스스로 영향력을 발휘하길 바란다. 학습에 있어서도 예외가 아니다. 이를테면 학생들은 프로젝트와 같은 학습 활동을 수행하다가 자신이 실제로 학습에 참여하고 있다는 것을 느끼면 금세 학습에 주인 정신을 가진다.

말은 이렇게 해도 교사가 일반적인 수업을 하다가 어느 날 갑자기 학생 중심 수업을 하기란 결코 쉽지 않다. 수업 시간에 사소한 문제들, 어쩌면 커다란 문제가 일어날 게 불 보듯 뻔하기 때문이다. 교사가 학생들에게 수업의 주도권을 넘겨주기 시작한 초기에는 학생들이 수업 시간에 집중을 잘 하지 못할 수도 있다. 수업 시간과 학습 내용을 무시할지도 모른다. 그럼에도 불구하고 교사는 학생들을 믿어야 한다. 학생들은 아직 아이일 뿐이고 학습의 생리를 배우고 있는 중이다. 교사는 어떠한 이유가 됐든 미성숙한 학생들에게 수업의 주도권을 넘길 수 없다고 성급하게 결론지으면 안 된다. 내가 생각하기에 교사가 주도권을 내주지 않는 가장 큰 이유는 현 상태를 유지하는 것이 심리적으로나 육체적으로 편하기 때문이다. 그러나 교사가 주도권을 꼭 붙들고 있는 한 교사는 학생들에게서 기대하는 성과를 얻지 못할 것이다.

학생들에게 주도권을 넘기기가 꺼려질 수도 있겠지만, 나는 여러분의 마음에 교사에게서 주도권을 인계받은 학생들은 스스로 학습할 수 있다는 확신을 심어주고 싶다. 몇몇 학생들이 눈살을 찌푸리게 하는 행동을 한다고 해서 교사가 주도권을 꼭 쥐고 있어서는 안 된다. 학생들에게 학습할 내용을 스스로 선택하게 하라. 자신이 원하는 방식으로 학습할 자유를 부여하라. 아마 학생들은 교사의 기대를 훌쩍 뛰어넘는 성과를 낼 것이다.

나는 학생들을 교육이라는 자동차의 운전석에 앉히는 데 뛰어난 역량을 발휘하는 교사를 알고 있다. 조이 커Joy Kirr도 그중 한 사람이다. 조이 커는 일리노이 주의 엘크 그로브 빌리지에서 7학년 학생들에게 영어와 언어를 가르친다. 커는 일주일에 하루를 지니어스 아워(Genius Hour)로 정하고 학생들에게 학습의 주도권을 완전히 넘긴다. 커는 구글의 유명한 20% 자유 시간 프로그램(구글 직원은 1일 업무 시간의 20%에 해당하는 시간 혹은 주 5일 중에서 하루 동안은 자신이 하고 싶은 프로젝트를 할 수 있다. 물론 프로젝트는 모든 사람들이 세상의 정보를 쉽게 확인하고 사용할 수 있도록 한다는 구글의 목표와 관련된 것이어야 한다)을 본떠서 지니어스 아워를 고안하고 수업 시간에 적용했다. 지니어스 아워가 되면 학생은 자신이 관심 있는 주제를 선택한다. 그리고 그 주제를 스스로 조사하고 탐구한다.

인디애나 주의 노블스빌에서 교편을 잡고 있는 돈 웨트릭Don Wettrick은 '혁신'이라는 이름의 수업을 운영하며 커보다 급진적인 방법으로 학생에게 주도권을 넘겨줬다. 조이 커가 운영하는 지니어스 아워가 매일, 매시간 계속된다고 생각해 보자. 웨트릭의 학생들은 앱을 개발하고 웹사이트를 만들고 그 결과를 소셜 미디어를 통해 사람들에게 널리 알린다. 그러나 웨트릭이 그야말로 학생들에게 아무것도 가르치지 않는 것은 아니다. 웨트릭은 수업을 시작할 때 학생들에게 보통 학생처럼 생각하지 말라는 것을 강조한다. "이 나이 때의 학생들은 일단 교사에게 순응하고 나면, 교사가 설명할 때 아무 질문 없이 가만히 듣고만 있으려고 합니다." 웨트릭은 한 기사에서 자신이 운영하는 학급을 이렇게 소개했다. "기존의 교육 제도는 학생의 창의성을 억누르고 있습니다. 지금까지 학생들은 그런 교육을 받아왔습니다. 이런 이유에서 나는 학생들에게 아무것도 가르치지 않기로 결심했습니다."[01]

학생들에게 주도권을 넘기는 또 다른 방법은 아예 가르치지 않는 것이다. 케이티 리건Katie Regan 교사는 영어 교과의 심화 학급을 운영하면서 10학년 학생들에게 실제로 아무것도 가르치지 않는다고 하는데, 나는 리건이 옳은 선택을 했다고 생각한다. 수업이 시작되면 리건은 대화 중재자 역할을 자처하며, 수업에 다양한 디지털 기술을 적용한다. 또한 수업의 보조자로서 학생들이 스스로 공부할 수 있도록 돕는다. 리건은 '강단 위의 현인'의 역할을 스스로 내려놨다. 리건의 수업 방식에는 다음과 같은 특징이 있다.

---

01 http://www.innovationexcellence.com/blog/2014/08/31

- 교사와 학생이 그리고 학생과 학생이 온라인에서 만나 학습 주제에 대해 글을 쓰고 개요를 작성하고 서로 의견을 주고받는 등 다양한 활동을 한다.
- 새로운 내용을 배울 때에는 거꾸로 교실의 디딤 영상을 제공한다. 종종 학생들은 해당 영상에서 이미 다룬 내용을 물을 때가 있다. 이럴 때 리건은 이렇게 대답한다고 한다. "난 몰라! 영상을 다시 보든지 아니면 책에서 찾아 봐!"
- 수업에 다양한 디지털 자원을 활용한다. 리건은 아이패드 카트(학생에게 아이패드를 하나씩 나눠줄 수 있도록 정리된 카트)와 컴퓨터실을 자주 활용한다. 특히 리건은 Edmodo. com과 구글 문서를 매일 사용한다.

학생들이 교육과 자신의 인생이 어떤 관련을 맺고 있는지 파악한다면, 왜 오랜 시간 동안 교육에 노력을 기울여야 하는지 쉽게 깨달을 것이다. 학생들은 교육이라는 자신의 집을 가꾸려고 천장에 선풍기를 달고 화단을 가꾸고 나무 마루를 깔 것이다.

결국 학생들은 교육을 자신의 것으로 만들 것이다. 교육 안에서 삶을 꾸릴 것이다. 그리고 결코 교육을 떠나지 않을 것이다.

12
최소유효량의 법칙

끓는 물의 온도를
필요 이상으로 높이지 말자.

나는 초등학교에서 교편을 잡고 있는 훌륭한 교사 한 명을 알
고 있다. 나는 그 교사를 만나고 싶으면 어디로 가야 하는지 알
고 있다. 바로 그녀의 교실이다.

내가 찾아갈 때마다 매번 그녀는 깔끔하게 정리된 책상에서
업무를 하고 있었다. 도대체 그녀는 무슨 업무를 하고 있었을
까? 물론 학교에서 교사가 해야 할 일은 무척 많다. 아마 그녀는
학생들의 프로젝트나 과제를 평가하고 있었을 것이다. 어쩌면
그녀는 표지가 멋지게 꾸며져 있고 탭이 색깔별로 일목요연하게
붙어 있는 바인더에 서류를 철한다거나, 학생들의 시험지에 격

려 문구를 적는다거나 혁신적인 학습 활동을 계획하고 있었을지도 모른다.

그녀는 흠잡을 데 없는 훌륭한 교사이고 학교 업무도 깔끔하게 처리한다. 그러나 나는 그녀의 교실에서 나올 때마다 종종 이런 질문을 떠올린다. 방과 후에 그녀보다 일을 덜 하는 교사와 비교했을 때 그녀는 과연 얼마나 효과적으로 일한다고 볼 수 있을까? 그녀보다 학생들의 과제물에 격려 문구를 덜 적는 교사와 비교한다면? 그녀보다 학급 게시판을 덜 화려하게 꾸미는 교사와 비교한다면? 혹시나 해서 하는 말이지만, 여러분 중에 내 학급 게시판을 살펴보려고 교실에 찾아오는 사람이 없기를 바란다. 내 학급 게시판은 한마디로 가관이다.

나는 교사의 업무가 너무 많다고 생각한다. 방금 내가 한 말이 교사로서 쉽게 할 수 없는 말이라는 것쯤은 나도 잘 알고 있다. 그러나 비판은 잠시 접어두고 내 말에 귀 기울여주길 바란다. 교사는 수업 전에 학교에 도착하고, 수업을 끝내면 몇 시간 동안 학교에 남아 온갖 잡무를 처리하고, 그것도 모자라 일거리를 싸들고 집에 돌아가 학급 게시판과 학급을 꾸미는 데 필요한 일 등 남은 업무를 처리한다.

주말이나 휴일에 차를 몰고 아무 학교에나 찾아가보면 학교

주차장에 교사의 차량이 주차되어 있는 모습을 볼 수 있다. 내가 쉬는 날에 출근한 교사들을 일일이 만나 대화를 나눠보지는 않았지만 아마 그 교사들은 학교 복도에서 나와 마주칠 때마다 푸념을 늘어놓는 내 동료 교사들과 비슷한 생각을 하고 있을 것이다. 내 동료 교사들은 찡그린 얼굴로 내게 이런 말을 자주 한다.

"내가 학생을 가르치는 사람인지 시험지를 채점하는 사람인지 모르겠어."

나는 모든 교사가 위와 비슷한 심정을 느껴봤을 것이라고 생각한다.

교사는 학교와 집을 오가며 하루 중 많은 시간을 수업 계획, 수업 준비, 평가, 성적 산출, 교실 환경 조성 등에 할애한다. 퇴근 시간 후에 교사가 처리하는 업무 중에는 중요한 일도 분명히 포함되어 있다. 그러나 그중에는 교사로서 꼭 하지 않아도 될 일도 분명히 있다.

단도직입적으로 말해서 교사는 '최소유효량(Minimum Effective Dose, MED)'의 법칙을 생활에 적용함으로써, 자신의 시간과 에너지를 보다 효율적으로 사용하는 것이 바람직하다.

조그만 변화가 거대한 결과, 심지어 최상의 결과를 가져온다

팀 페리스Tim Ferriss는 《나는 4시간만 일한다(4-Hour Work-week)》에서 최소유효량을 "자신이 바라는 효과를 발현하는 데 필요한 최소한의 에너지"로 설명했다. 페리스는 다음과 같이 설명한다.

"최소유효량을 초과하는 것은 무엇이든 낭비다. 물을 끓일 때, 최소유효량은 1기압에서 화씨 112도(섭씨 100도)이다. 물은 일단 끓기 시작하면 어쨌든 끓는 것이다. 물의 온도가 최소유효량의 온도를 초과한다고 해서 물이 '더 끓는' 것은 아니다. 만약 우리가 물의 온도를 최소유효량보다 높인다면 다른 생산적인 일을 하는 데 쓰일 수 있는 에너지를 허공에 날려버리는 것과 같다."

패리스는 자신이 운동이라는 분야에 최소유효량의 법칙을 적용한 자신만의 노하우를 설명했다. 운동과 관련하여 페리스가 추구한 질문은 이것이었다.

"신체와 관련하여 가장 큰 결과를 가져오는 가장 작은 변화는 과연 무엇일까?"

패리스는 위의 질문을 해결한 결과로 최소유효량의 법칙을 잘 활용하면 사업을 할 때도 그러하듯이 건강을 관리할 때도 큰

도움을 얻을 수 있다는 걸 발견했다. 조그만 변화가 거대한 결과, 심지어 최상의 결과를 가져온다는 것이다.

최소유효량의 법칙을 활용한 예는 주변에서 얼마든지 찾아볼 수 있다. 마이클 하얏Michael Hyatt은 블로그 포스트를 작성하는 주기를 최적으로 조절하는 데 최소유효량의 법칙을 적용했다. 리더십과 목적이 있는 삶에 관해 글을 쓰고 연설하는 하얏은 평일에 매일 한 편씩 새로운 포스트를 작성했다. 포스트를 자주 올리면 블로그에 트래픽(트래픽은 곧 블로그로 생활비를 버는 풀타임 블로거의 생명줄이다)이 몰린다는 말을 들은 적이 있어서 주말을 제외한 주 5일 동안 하루에 한 편씩 포스트를 작성한 것이다. 그러다 어디선가 블로그 포스트를 게시하는 최적의 주기는 1일 1회가 아니라는 기사를 읽었다. 기사를 읽고 하얏은 다음과 같은 고민에 빠졌다.

'블로그 포스트를 더 적게 쓰고도 더 좋은 결과를 얻을 수 있을까?'

이 질문을 해결하기 위해서 하얏은 자신의 블로그 독자를 대상으로 설문조사를 했다. 설문조사 결과는 어땠을까? 응답자 중 상당수(81퍼센트)가 하얏의 블로그에 주 5회가 아닌 3회, 혹은 그

보다 적게 포스트가 연재되기를 바랐다.[01] 하얏은 포스트를 통해 독자들과 소통하고 도움을 주고 싶었지만 지금까지 독자가 소화할 수 있는 양을 초과해서 포스트를 쓰고 있었다는 걸 깨달았다. 많은 힘을 쓰고도 원하는 성과를 내지 못한 것이다. 하얏은 그 즉시 블로그 포스트를 일주일에 두 편만 작성하기로 마음먹었다. 한 팟캐스트 인터뷰에서 하얏은 포스트 수를 줄이자 처음에는 웹사이트에 몰리는 트래픽이 20퍼센트가량 줄었지만 시간이 어느 정도 지나자 다시 반등해서 점점 늘어났다고 밝혔다. 하얏은 포스트 수를 줄이겠다는 결심을 한 덕분에 온라인 강의를 하거나, 집필을 하거나, 다른 사람의 블로그에 독자로서 글을 쓰는 등 양질의 콘텐츠를 제작할 시간을 확보하게 되었다. 더 적은 힘을 쓰고도 더 많은 것을 얻은 것이다.

언제 멈춰야 할지 파악하라

만약 교사가 자신의 생활을 바꿔놓을 그 조그만 변화가 무엇인지 알아낸다면, 또 업무량을 대폭 줄이는 동시에 보다 좋은

---

01 하얏은 포스트를 적게 게시하는 이유에 대해서 따로 포스트를 작성했다. http://michaelhyatt.com/my-new-blogging-frequency.html

결과를 얻을 수 있는 방법을 알아낸다면 어떤 일이 벌어질까? 최소유효량의 법칙은 교사의 업무 여건과 교실 환경에 어떻게 적용될 수 있을까?

교사가 가르치는 학생들은 독자와 같다. 그리고 교사는 메시지를 준비하고 제시한다는 점에서 블로거와 비슷하다. 교사가 어떤 메시지를 제시하든 결국 학생들은 시험을 보는 데 도움이 되는 메시지나 실생활에 써먹을 수 있는 메시지만 받아들일 것이다. 만약 교사가 학생이라는 독자가 소화할 수 있는 양보다 많은 컨텐츠를 만들어낸다면, 이것은 분명한 낭비다. 비록 그 내용이 아무리 흥미롭고 유용하다고 하더라도 학생들이 소화하지 못한다면 교사의 노력은 물거품이 되기 때문이다. 이런 경우는 물의 온도를 끓는점 이상으로 올리는 것, 즉 아무런 성과를 얻지 못한다는 것을 뻔히 알면서도 기준을 초과해서 일하는 것과 같다.

나는 학생들이 내가 애써 채점한 시험지를 쓰레기통에 던지는 모습을 보며 최소유효량의 핵심을 깨달았다. 내가 학생들의 시험지에 빨간 펜으로 가득 적어준 글이나 각종 표시는 학생들이 스페인어를 배우는 데에 별 도움이 되지 않았다. 나는 학생들의 학습지나 시험지에 도움이 될 만한 말을 쓰느라 많은 시간을 보냈지만 학생들은 학습지를 받자마자 내가 쓴 글에 눈길조차 주지 않고 쓰레기통에 던져버렸던 것이다.

나는 물의 온도를 필요 이상으로 높이고 있었던 셈이다. 그래서 나는 작은 변화를 만들어냈다.

요즘 나는 수업 시간에 설명식 수업을 하는 대신, 학생들이 각자 운영 중인 블로그에 스페인어로 글을 쓰게 한다. 학생들이 글을 쓸 때 나는 교실을 순회하면서 의견을 제시하고 훌륭한 글을 쓴 학생을 칭찬한다. 수업 시간에 바로 피드백을 주는 것이다. 나는 학생들이 저지른 문법적인 실수를 교사가 빨간 펜으로 일일이 고쳐주는 수업보다 교사와 학생이 함께 학습하며 학생이 스스로 실수를 교정해 나가는 방식으로 수업할 때 학생들이 보다 우수한 학업 성취도를 거둔다는 사실을 깨달았다. 실제로 이런 방식으로 수업을 하면 학생들은 스스로 글을 쓰며 많은 것을 배우고 나는 채점하는 데 시간을 덜 들이기 때문에 일석이조의 효과가 있다. 이런 경우를 두고 우리는 '원윈'이라고 하지 않던가! 이런 수업에서도 우리는 최소의 노력을 들여 최상의 결과를 얻는 경우(최소유효량)를 확인할 수 있다. 실제로 학생들이 블로그에 쓴 글을 보면 그 내용이 대체로 우수하기 때문에 채점하기가 무척 수월하다.

교사는 종종 과중한 업무에 비해 봉급이 턱없이 적다는 말을 한다. 그러나 교사가 과중한 업무를 맡게 된 데에는 교사 자신의 탓도 있다. 교사가 자신이 성취하려는 목표에 날카로운 초점을 맞췄다면 꼭 필요하지 않은 업무, 덜 중요한 업무를 의도적으로 줄이거나 아예 무시했어야 할 것이다. 교사도 더 적은 노력으로 더 많은 것을 얻을 수 있다.

이제 더 이상 끓는 물의 온도를 필요 이상으로 높이지 말자.

13
소통하는 교사가 되라

교사가 곡물 저장고에 갇혀 살 듯
교직 생활을 하는 건 바람직하지 않다.

나는 외로운 늑대처럼 혼자 지내는 걸 좋아하는 교사였다. 지난 몇 년 동안 나는 인디애나 주(州) 중서부 지역에 위치한 공립 학교 학구에서 세계어 부서에 속한 유일한 교사였다. 나는 미국과 전 세계의 교사들과 적극적으로 소통하기 전까지 마치 튼튼한 곡물 저장고 안에 갇혀 살 듯 외롭게 지냈다. 당시 나는 내가 얼마나 스스로를 가두면서 고립된 생활을 하고 있었는지 인식조차 하지 못했다. 나는 한 회의에서 기조연설자가 스크린에 비쳐진 사진을 가리키며 했던 말, 즉 많은 교사들이 곡물 저장고 안에 갇혀 살 듯 교직 생활을 한다는 말을 듣고 나서야 내가 외롭게 교직 생활을 이어가고 있다는 걸 깨달았다(내가 근무했던 학교는 옥수수 농장에 둘러싸여 있었기 때문에 나는 '곡물 저장고'라는 비유를 단박에 이해했다).

분명히 말하지만, 교사가 곡물 저장고에 갇혀 살 듯 교직 생활을 하는 건 바람직하지 않다. 지금부터 그 이유를 설명해 보겠다.

교사는 자신의 생계와 발전에만 집중하며 교실에 갇혀 지내기 쉽다. 이때 교사는 교실에 높은 벽을 둘러치고 아무도 들어오지 못하게 한다. 나도 마찬가지였다. 나는 내 작은 곡물 저장고 안에서 그럭저럭 잘 지냈다. 나는 교직 경력 내내 공립학교 학구의 유일한 세계어 교사였기 때문이다. 어떤 분야에서든 유일한 사람이 되면 이런 생각을 갖기 쉽다. "내가 하는 일을 이해할 사람은 나 말고 아무도 없다. 나는 그냥 내 생각대로 해나가면 된다." 그러나 나는 혼자서 아무것도 할 수 없었다. 혼자서 일하고 살아갈 수 있는 사람은 세상에 존재하지 않는다. 좋은 소식을 한 가지 전하자면, 21세기를 살아가는 교사는 혼자서 모든 일을 처리하려고 노력할 필요가 없다.

우선 오늘날 교사는 온라인상에서 학습 자료를 마음껏 가져다 쓸 수 있다. 수십 년 전에는 교육이 어떻게 이루어졌을까? 그

당시에는 인터넷이라는 것이 존재하지도 않았다. 당시 교사들은 교사용 캐비닛에 훌륭한 학습 자료를 보관했다가 필요할 때마다 찾아 썼다. 물론 캐비닛 안에서 낡은 자료가 발견되는 일도 종종 있었다. 교사가 교실의 변화를 만들려면 스스로 혁신적인 방법을 생각해 내거나, 회의에 참석해서 아이디어를 얻거나, 책을 읽거나, 동료 교사를 찾아가서 자문을 구해야 했다. 이에 비해 요즘 교사는 웹사이트, 트위터 피드, 해시태그(#), 블로그를 통해 아이디어를 얻고 교실을 변화시킬 수 있다.

둘째, 세상에는 여러분이 고민을 털어놓으면 도와줄 교사, 심지어 누군가를 돕고 싶은 열정이 가득한 교사들이 있는데, 우리는 특히 온라인상에서 이런 교사들과 손쉽게 교류할 수 있다.

예를 들어 트위터에서 교육과 관련된 커뮤니티는 매주 늘어나고 있다. 한 트위터 리포트에 따르면 하루에 5억 개 정도의 트윗이 올라오는데, 그중에서 약 420만 개의 트윗이 교육에 관한 것이라고 한다. 말하자면 트위터에 올라오는 트윗 100개 중 하나는 교육에 관한 것이라는 뜻이다. 실제로 수많은 교사들이 소셜 미디어를 활용해 교육에 대한 아이디어를 공유하고 있다. 여러분이 어떤 질문, 고민을 가지고 있든 트위터에 도움을 구하는 글을 올리면 유익한 정보, 참신한 아이디어, 새로운 해결책을 얻을 수 있을 것이다.

셋째, 교사는 온라인상에 존재하는 풍부한 자료를 활용하고 여러 교사들의 도움을 받아 훌륭한 성과를 이룰 수 있다. 나는 트위터에서 인디애나 주의 이러닝 커뮤니티(#INeLearn)에 가입하고 여러 교사들을 알게 되었다. 폴라 나이틀링거Paula Neidlinger도 트위터를 통해 알게 된 교사였다. 나이틀링거는 내가 근무하는 학교에서 몇 시간 정도 떨어진 거리에 위치한 중학교에서 인문학(언어와 사회)을 가르치고 있었다. 처음에 나와 나이틀링거는 트위터로 대화를 나누며 이런저런 아이디어를 주고받았다. 그러다가 우리는 본격적으로 팀을 꾸려서 다가오는 교육공학 회의에서 발표를 하기로 결정했다.

우리는 구글 문서에 필요한 정보를 기록하고 트위터로 아이디어를 공유했다. 서로 도와가면서 구글 슬라이드로 발표 자료를 만들었다. 이런 과정을 거쳐 우리는 발표 준비를 마쳤다. 놀랍게도 발표 자료가 완성될 때까지 나이틀링거와 나는 실제로 한 번도 만나지 않았다. 나이틀링거와 나는 지금까지 여러 번 회의에 참석해서 같이 발표를 하고 세계어 수업에서 디지털 도구를 활용하는 방법을 교사들에게 알려줬는데, 우리가 이렇게 할 수 있었던 것은 온라인상에서 늘 연결되어 있었기 때문이다.

회의에 참석해서 사람들을 직접 만나서 대화를 나누는 것에
도 분명한 장점이 있지만 회의가 자주 열리지도 않거니와 회의
에 참가하려면 일단 경비가 든다. 이에 비해 온라인 커뮤니티에
가입하면 주 7일, 하루 24시간 동안 자신의 교육관을 넓혀줄 많
은 사람들을 만날 수 있고, 다양한 아이디어, 자료, 철학 그리고
기회를 접할 수 있다. 아래에서는 내가 나의 곡물 저장고를 탈출
해서 저장고 안에 갇혀 있던 나의 생각들을 해방시킨 이유와 내
가 온라인상에서 다양한 교사를 만나는 일에 이토록 흥분하는
이유를 설명해 보겠다.

영감

온라인 공간에는 교사가 주목할 만한 아이디어가 넘쳐난다. 특
히 교사는 수업에 활용할 만한 새로운 수업 방법을 쉽게 찾을 수
있고 색다른 수업을 시도하는 데 필요한 용기도 얻을 수 있다.

동기

교사는 본능적으로 다른 사람에게 동기를 부여하는 것을 좋
아한다. 교사는 이러한 욕구를 교실 밖에서도 실현하려고 한다.
일단 소셜 네트워크에 발을 디디면 여러분의 동기를 자극하는

교사들을 쉽게 만날 수 있을 것이다.

도전

수업 방법에 관한 아이디어를 지지부진한 상태로 잠시 내버려 두는 건 오히려 좋은 기회이다. 수업 방법과 관련하여 교사들의 철학과 의견이 충돌할 때에는 의견을 일치시키기가 힘들기 때문이다. 여기에는 아무 문제가 없다. 교사들 간에 갑론을박이 벌어진다면 귀를 기울이고 의견을 표명하라. 여러분은 이 기회를 발판 삼아 새로운 교육의 가능성을 파악하는 안목을 기를 수 있을 것이다.

동료애

여러분은 교사로서 외로움을 느껴 본 적이 있는가? 온라인상에는 여러분처럼 외로움을 떨쳐내고 싶은 수백, 수천 명의 교사들이 성공과 고난의 경험담을 공유하려고 여러분을 기다리고 있다.

앱

학습 활동에 적용할 수 있는 앱은 따로 있다. 온라인상에서 자문을 구하면 이미 다양한 앱을 사용해 본 교사들이 여러분의 수업에 맞는 앱을 추천해 줄 것이다.

유머

교사는 수업을 진행하면서 학생들이 미처 보지 못하는 수업의 재미있는 측면을 많이 본다. 교사는 교육 현장을 훤히 알고 있는 사람들과 교사로서 겪었던 좌절과 기쁨을 공유하는 것이 여러모로 좋다. 여러분이 자신이 처한 상황을 웃음으로 넘겨버리지 못한다면 어쩌면 눈물을 흘리게 될지도 모른다.

협업

우리는 소셜 네트워크를 통해 전 세계의 사람들과 협업할 수 있는 시대에 살고 있다. 소셜 미디어를 사용해 보자. 어느 누구와도 손쉽게 의견을 교환하며 협업을 할 수 있다.

소통하는 교사가 되려면 얼마나 많은 시간을 투자해야 할까? 결국 여러분이 스스로 결정해야 한다. 다음은 내가 세상과 소통하는 방식과 내가 들인 노력에 대한 이야기이다.

소셜 미디어

바쁜 일정을 소화하면서 세상 사람들과 소통하는 가장 간단한 방법은 트위터를 활용하는 것이다. 트위터에서는 140자 이내로 트윗을 작성해야 하기 때문에 읽고 쓰기가 수월하다. 짧은 시간에 양질의 자료를 찾아내려면 일단 트위터에 로그인[01]한 다음, 검색 창에 #edchat이나 #edtech라고 쓰고 검색해 보자. 이 해시태그가 달린 글에는 십중팔구 좋은 자료가 소개되어 있다. 보통 나는 장소에 구애받지 않고 오직 가용한 시간과 흥미에 따라 하루에 짧게는 몇 십 분, 길게는 몇 시간 동안 트위터를 사용한다.

블로그 포스트 읽기

지금 웹에는 교사가 정독할 만한 글을 담고 있는 수천 개의 교육 관련 블로그가 존재한다. 여러분이 웹 서핑을 하다가 좋아하는 블로그를 발견한다면 Feedly.com과 같은 RSS 수집 사이트[02]에 가입하고 그 블로그 주소를 등록하는 것이 좋다. 여러분이

---

01 다음 사이트에 들어가면 "교사를 위한 트위터 사용법" 영상을 볼 수 있다. http://ditchthat-textbook.com/2013/03/19

02 RSS란 특정 사이트를 직접 방문하지 않고도 업데이트된 내용을 확인할 수 있는 서비스다. Feedly.com에 자신이 좋아하는 사이트를 등록하면 해당 사이트가 업데이트될 때마다 자동으로 알려준다.

좋아하는 사이트에 새로운 글이 게시되면 RSS 리더 프로그램이 자동으로 새 글을 수집해서 여러 사이트를 일일이 방문하지 않고도 새로운 소식을 간편하게 확인할 수 있도록 도와줄 것이다. 즐겨 찾는 블로그가 있으면 지금 당장 RSS 수집 사이트에 등록해 두자. 여러분은 RSS 수집 사이트에 방문해서 개인 맞춤형 신문을 읽을 수 있을 것이다. 매주 몇 분에서 몇 시간에 이르기까지 자신이 원하는 만큼만 블로그 포스트를 읽으면 된다. 나는 매주 한두 시간 정도 내가 좋아하는 블로그의 글을 읽는다.

블로그 포스트 작성하기

나도 내 블로그(http://ditchthattextbook.com)에 글을 쓴다. 블로그를 운영하려면 시간이 많이 든다. 나는 포스트 한 편을 작성하는 데 보통 한 시간에서 90분 정도를 투자한다. 예전에 신문 기자 생활을 했던 관계로 나는 가급적 정확한 문장, 빈틈없는 문장을 쓰려고 노력한다. 그러나 나처럼 글을 쓰는 사람은 드물고 대게는 훨씬 적은 시간을 들여 포스트를 작성한다.

내가 수업 방법을 바꾸는 데 가장 큰 영향을 끼친 사건을 하나만 꼽으라고 하면 나는 서슴지 않고 소통하는 교사가 된 것을 들겠다. 평소에 나는 다른 교사와 소통하며 알게 된 수업 방법을 과감하게 내 수업에 적용한다. 나는 온라인상에서 배우고 질문하면서 내가 속한 교육 관련 커뮤니티를 활성화시킨다. 바쁜 일정에 치이다 보면 세상과 소통하는 데 불과 몇 분밖에 투자하지 못하는 날도 있다. 운이 좋은 날에는 몇 시간 동안 다른 교사가 쓴 글을 읽거나 내 블로그에 글을 쓰면서 세상과 소통한다.

내가 꼭꼭 숨어 살던 곡물 저장고는 이제 완전히 무너졌고 그 결과로 나는 보다 나은 수업을 하게 되었다. 지금 외로운 늑대는 든든한 무리와 함께 힘차게 뛰고 있다.

14
모든 것을 공유하라

변명 따위는 집어치워라.

지금 당장 공유하라.

"당신이 자료를 만든 다음 사람들과 공유하지 않는다면, 당신은 이기적인 사람입니다."

나는 아담 벨로Adam bellow가 2013년 국제기술교육협회(ISTE Conference, 세계적인 규모의 교육공학 회의)에서 기조연설 중에 했던 이 말을 듣고 거의 몇 주 동안 충격에서 벗어나지 못했다. 특히 이기적이라는 말을 듣고 정말 머리를 망치로 세게 한 대 맞은 듯한 충격을 받았다.

교육계는 지난 10년, 아니 5년 동안 격변했다. 가장 중요한 변화는 교사들의 사고방식이 변한 것이다. 이제 내 훌륭한 수업 자

교과서가 사라진 교실

료를 나만 활용하려고 내 교실 한편에 정리해 두어야겠다는 식의 사고방식은 천천히 자취를 감추고 있다. 오늘날 벨로를 비롯해 많은 교사들이 수업 전문성을 기르기 위해 자신의 자료를 공개하고 교사들과 협업하는 방법을 활용하고 있다.

요즘 교사들은 디지털 기기를 활용해서 우수한 수업 방법을 찾고 다른 사람들과 공유한다. 몇 가지 예를 들어보겠다.

- 교사는 블로그에서 수업 방법이나 의견을 공유할 수 있다.
- 교사는 교육 관련 회의에서 알게 된 수업 팁, 아이디어, 수업 관련 사이트를 트위터나 구글 문서를 통해 여러 교사들과 공유할 수 있다.
- 교사는 훌륭한 수업 방법을 정리해 뒀다가 아마존 킨들, 아이북 아서를 통해 전자책의 형태로 출판하거나 PDF 파일로 만들어 공유할 수 있다.
- 교사는 온라인 세미나, 스크린캐스트[01], 각종 설명회나 연설 장면을 촬영해 뒀다가 유튜브에 게시할 수 있다.

---

01 컴퓨터 화면을 녹화한 영상을 말하며 음성도 포함될 수 있다.

교사들이 지금처럼 다양한 경로로 학습 자료와 수업 방법을 공유했던 적은 일찍이 없었다. 교육계에서 전례가 없었던 협업적 커뮤니티를 더욱 활성화시키기 위해 교사가 할 수 있는 한 가지 일이 있다면 그것은 바로 공유하는 것이다.

- 모든 것을 공유하라 : 아이디어, 교육철학, 수업 방법, 각종 수업 자료 등 모든 것을 공유하라.
- 어디서나 공유하라 : 트위터에 짧은 메시지를 남기거나 블로그에 수업 이야기를 적어라. 아마존이나 아이북 서점에서 살 수 있는 단행본을 출판하라.
- 모든 매체를 통해 공유하라 : 글, 오디오(팟캐스트), 비디오(스크린캐스트, 유튜브)
- 항상 공유하라 : 학기 중뿐만 아니라 재충전의 시간을 보내며 다음 학기를 준비하는 여름방학과 같은 시간에도 공유하라.

나는 여러분의 걱정을 대강 짐작하고 있다.
"도대체 어떻게 공유를 해야 하는지 모르겠다."
자신의 성향에 맞는 매체를 선택해서 사용해 보자. 그 첫걸음으로 나는 트위터를 추천한다. 계정을 만들고 검색창에서 #ed-chat를 검색한 다음, 마음에 드는 교사를 팔로우하거나 마음에 드는 아이디어를 공유하자.

공유할 만한 게 아무것도 없다? 천만의 말씀. 모든 교사는 지역, 개인적 경험, 가르치는 과목, 성공과 실패의 경험에 따라 서로 다른 교육관을 가지고 있다. 사람들은 교실에서 일어났던 생생한 경험담을 즐겨 읽는다. 교사라면 누구나 블로그를 만들어 효과가 좋았던 수업 방법을 쓰고, 수업 사진을 첨부하는 등 수업 경험을 공유할 수 있다.

공유할 시간이 없다? 소소하게 시작하자. 매주 혹은 2주에 한 번씩 블로그에 수업이나 교육에 대한 자신의 생각을 쓰자. 트위터에서 훌륭한 교사들을 팔로우하고 시간이 날 때마다 단 5분이라도 그 교사의 트윗을 읽어보자. 여러분이 직접 수업 방법을 설명하거나 시범 보이는 모습을 촬영한 다음 짧은 동영상으로 편집해서 인터넷에 게시하는 것도 좋은 방법이다.

변명 따위는 집어치워라. 지금 당장 공유하라. 아래에는 참고할 만한 두 가지 방법을 소개하겠다.

여러분의 좋은 아이디어를 동료 교사에게 건네라

　신규 교사 시절에 나는 회의에만 다녀오면 교실과 학교에서 변화를 일으킬 열정이 타올랐다. 새로운 수업 방법이나 학습 자료를 접하면 가슴속에 수업을 개선하겠다는 의욕이 솟구쳤다. 당시 내 심정을 이해하겠는가? 여러분도 가슴속에 타올랐던 뜨거운 열정을 느껴본 적이 있다면, 주저하지 말고 좋은 아이디어를 동료 교사에게 건네라. 영감은 전염성이 강하다. 여러분이 건네준 아이디어는 누군가가 애타게 찾던 것일지도 모른다. 여러분이 근무하는 학교는 공유를 시작할 최적의 장소다.

블로그를 개설하라

　블로그는 자유롭게 생각을 표현하고 독자와 댓글로 의사소통할 수 있는 온라인 저널이다. 무료로 블로그를 개설하는 것은 소셜 미디어에 계정을 만들거나 새로운 이메일 주소를 만드는 일만큼이나 간단하다. 블로그에 자신의 수업 방법이나 요즘 배우고 있는 내용에 대해 글을 쓰다 보면 자연스럽게 생각을 정리하는 시간을 갖게 된다. 아직도 많은 교사들이 자신을 되돌아보는 사치를 누리지 못하고 있다!

　블로그를 개설하고 머릿속에 있는 생각을 글로 표현하라. 글을 쓰다 보면 자신의 생각을 종류별로 분류하거나 통합하는 데 큰 도움이 된다. 여러분이 블로그와 같은 대중적인 매체를 통해 아이디어를 공유하는 데에는 크게 두 가지 장점이 있다. 하나는 많은 교사들이 여러분의 글을 읽고 영감을 얻을 수 있다는 것이고, 다른 하나는 여러분도 독자와 소통하면서 많은 것을 배울 수 있다는 것이다.

여러분이 신규 교사였을 때 분명 누군가는 여러분과 좋은 자료를 공유했을 것이다. 나는 여러분이 그 자료를 유용하게 사용했을 것이라고 믿는다. 교직 첫해에 나는 스페인어 교사 두 명이 나를 자신의 교실로 초대해 준 덕분에 두 교사의 노하우를 스펀지처럼 빨아들일 수 있었다. 나는 이 고마운 두 명의 교사에게서 학습 활동을 평가하는 방법, 학급 경영 방법, 구체적인 수업 방법들을 훔쳤다. 대학교에서 교생 실습을 거치지 않은 신규 교사로서 나는 교실에 혼자 덩그러니 남겨져 모든 일을 스스로 해결해야 한다고 생각했다. 그런데 두 교사가 시쳇말로 인명구조 헬리콥터처럼 나타나 외떨어진 섬에 조난당한 나를 구해 줬던 것이다.

나는 교직 경력을 쌓아가면서 신규 교사 시절에 내가 느꼈던 고마움을 잊지 않으려고 노력했다. 이제 내가 다음과 같은 순환 구조로 다른 교사에게 도움을 줄 차례이다. 즉, 도움을 받고, 도움을 주고, 그것을 반복하기. 만들고 공유하라. 만들고 공유하지 않는 것은 이기심의 가장 분명한 증거다.

15
학생의 마음을 움직여라

숙련, 자주, 목적은 학생들의 학습 엔진을 구동시킬
질 좋은 연료가 되기에 충분하다.

학생들에게 손쉽게 동기를 불어넣는 교사가 있는가 하면, 허둥대다가 학생들에게 아무런 메시지도 전하지 못하는 교사도 있다. 하루하루 근근이 수업하면서 학생들이 훌륭한 성과를 내길 바라는 교사는 아마 없을 것이다. 나는 모든 교사가 내심 제이미 에스칼란테Jaime Escalante[01] 같은 동기 부여자가 되길 바란

---

01 에스칼란테는 가필드 고등학교에 다니는 거친 학생 18명의 마음에 학습 동기를 심어주었다. 가정 형편이 불우하고 성적도 바닥이던 학생들에게 '수학을 잘하면 너희도 성공할 수 있다. 수학이 곧 너희의 언어다'라는 말로 '나도 성공하고 싶다'는 동기를 부여한 것이다. 에스칼란테의 지도를 받은 학생은 기적적으로 ETS 고급 미적분 시험을 통과했다. 이러한 일화는 1988년에 〈스탠드 업(Stand and Deliver)〉이라는 영화로도 제작되었다.

다고 생각한다. 이스트 로스엔젤레스의 거친 학생들에게 동기를 심어줘 미적분을 즐겁게 공부하게 만든 그런 교사 말이다.

어느 날 나는 다니엘 핑크_{Daniel Pink}가 미국 공영 라디오 방송인 TED Radio Hour에 출연해 '돈의 역설(The Money Paradox)[02]'이라는 주제로 인터뷰하는 걸 들었다. 놀라울 것도 없이, 다니엘 핑크는 사람의 마음을 움직이는 돈의 능력과 한계에 대해 이야기했다. 동기는 다니엘 핑크의 주요 연구 분야이기 때문이다. 나는 핑크의 설명을 듣고 수업 방법에 대한 생각을 바꾸게 되었다. 켄 로빈슨_{Ken Robinson}의 TED 강연[03]을 논외로 치면, 나는 핑크의 'The Puzzle of Motivation[04]'을 최고의 강연이라고 생각한다.

핑크는 당근과 채찍으로는 동기를 유발하는 데 한계가 있다고 주장한다. 핑크는 재미있는 사례 연구를 들어 혜택을 주는 것만으로는 동기를 유발하는 데 한계가 있고, 어떤 경우에는 부정적인 결과를 초래한다고 역설한다. 보상과 벌을 주는 방식이 동기를 유발하는 데 효과가 없다는 것을 깨닫고 나서부터 핑크는 효과적인 동기 유발 방법을 알아내려고 노력했다고 한다. 어

02　http://www.npr.org/programs/ted-radio-hour/295260995/the-money-paradox

03　https://www.ted.com/speakers/sir_ken_robinson

04　http://www.ted.com/talks/dan_pink_on_motivation

떻게 해야 고용주, 부모, 교사는 자신이 책임지고 있는 사람들에게 효과적으로 동기를 부여할 수 있을까? 핑크는 연구를 통해 자주, 숙련, 목적이라는 내적 요인에 호소해야 한다는 것을 밝혀냈다. 핑크는 세 가지 동기 유발 요소를 아래와 같이 정의했다.

- 자주 : 스스로 삶을 살아가려는 욕구
- 숙련 : 중요한 일을 더 잘하고 싶은 욕구
- 목적 : 자신보다 가치 있는 일에 기여하고자 하는 욕구

지금부터 나는 자주, 숙련, 목적이라는 동기 유발 요인이 학생의 학습 욕구와 어떤 관계가 있는지 설명해 보겠다.

자주

학생들은 어떤 상황에서나 자신이 결정 내리는 걸 좋아한다. 여러분이 학생이었을 때 교사가 학습 방식을 결정하던 모습을 상기해 보자. 아마 교사는 이렇게 말했을 것이다.

"짝이랑 같이 문제 풀어."

혹은 이런 말을 했을지도 모른다.

"조용히 앉아서 책 읽어."

이런 상황에서 아마 여러분은 기가 죽어 몸을 움츠렸거나 한숨을 내쉬었을 것이다. 분명히 여러분은 학생으로서 이런 억압적인 교실 분위기를 바라지 않았을 테지만, 전통적인 교실에서는 학생이 무엇인가를 직접 선택할 기회가 거의 없었다. 그래서 당시 학생들은 무엇이든 교사가 말하는 대로 해야만 했다.

교과서적인 교육관을 버린다는 말의 구체적인 뜻은 학생에게 선택의 자유를 부여한다는 것이다. 학생들이 디지털 세계를 탐험할 때 교사는 학생들에게 자율권을 부여함으로써 동기를 유발할 수 있다.

학습이라는 목표에 초점을 맞춰 말하자면, 요즘 교사는 목표를 달성하기 위해 수많은 디지털 도구를 입맛에 따라 선택할 수 있다. 프레젠테이션 슬라이드 쇼, 팟캐스트, 비디오 프로젝트, 인포그래픽, 웹사이트 등등. 학습의 증거를 보여줄 방법이 이렇게 많은데 학생들에게 한 가지 학습 방식만 강요할 이유가 있는가? 물론 위의 도구들을 활용해서 수업을 진행하면 학생마다 다른 학습 결과물을 점검해야 하기 때문에 교사가 평가를 하는데 시간이 조금 걸리겠지만, 현대 사회에서 한 팀의 구성원들이 전부 똑같은 제품을 생산하는 경우가 어디 있는가?

숙련

　상당히 많은 학생들은 이미 디지털 기술의 전문가다. 그리고 교사는 이러한 현상에 거부감을 느끼기도 한다. 지금까지 전문가라는 지위를 내려놓은 적이 별로 없기 때문이다. 수십 년, 아니 수 세기 동안 교사는 자신에게 마음을 빼앗긴(혹은 자신 앞에서 꼼짝 못하는) 관객들에게 지혜를 설파하는 '강단 위의 현인'이었다.

　만약 교사가 어떤 분야에서는 학생들이 자신보다 더 많은 지식을 가지고 있다는 걸 인정하면 오랜 기간 동안 교사에게 치중된 세력의 균형은 깨지게 된다. 그러나 우리가 사는 정보화 시대에는 누구나 전문가가 될 수 있다. 이제 교사는 시대가 변한 걸 인정하고, 가끔이라도 학생들이 전문가 역할을 할 수 있도록 기회를 보장해야 한다.

　일례로 교사가 새로운 디지털 교육 도구를 활용해서 수업 방법을 개선하려고 할 때 학생들 중에는 이미 그 도구를 능숙하게 다루는 학생이 있을지 모른다. 만약 그 학생이 수업 시간에 앞에 나와 반 친구들에게 디지털 도구의 사용법을 가르쳐주면 어떨까? 혹은 학생들이 서로 질문하고 대답하면서 디지털 도구 사용법을 익히게 하면 어떨까? 이런 식으로 수업을 진행하면 교사도 학생과 함께 배울 수 있다.

디지털 도구를 능숙하게 다루는 학생이 교사들에게 사용법을 가르치게 하면 어떨까? 그 학생이 얼마나 뿌듯해할지 생각해 보라. 학생이 학생의 입장에서 디지털 도구의 사용법과 수업 활용 방안을 전달할 때 교사가 얼마나 신선한 자극을 얻게 될지 상상해 보라.

목적

시험을 위한 학습에는 분명한 한계가 있다. 다니엘 핑크가 "자기 자신보다 가치 있는 일"에 기여하는 게 중요하다고 주장했을 때 핑크는 시험에 통과하는 것과 같은 일을 말한 게 아니다. 학생들에게 학습을 통해 보다 크고 중요한 일을 해낼 기회를 부여해서 교육 자체를 새로운 관점에서 파악하게 해보면 어떨까? 나는 학생들이 FreeRice.com[05]을 활용해서 기초적인 학습 능력을 갈고닦는 것과 같은 간단한 방법으로도 분명한 목적의식을 가질 수 있다는 것을 깨달았다. 이 사이트에 접속하면 학생들은 언어, 해부학, 화학, 명화, 지리 등 다양한 과목의 문제를 풀어야 한다. 학생들은 정답을 맞힐 때마다 기아 인구에게 기부

---

05 FreeRice.com은 여러 분야의 퀴즈도 풀고 쌀 기부도 가능하게 하는 웹사이트다. 사용자가 정답을 맞힐 때마다 10 그레인(0.65g)의 쌀이 UN 세계식량계획을 통해 기아 인구들에게 기부된다.

할 쌀을 얻게 된다. 학생들이 불우한 사람들을 돕겠다는 목적의식을 가지면 교사에게서 "이 단어를 외워라"는 말을 들을 때보다 학습 동기가 유발되기 마련이다.

학습을 봉사 활동과 관련지어보면 어떨까? 학생들은 자신의 지역 단체나 전 세계의 비영리 단체에 충분히 힘을 보탤 수 있다. 학습 활동을 기부나 봉사 활동과 연계시킬 방법을 찾아보자. 혹은 학생들이 수업 시간에 배운 지식이나 능력을 좋은 곳에 활용할 기회를 찾아보자. 학습에 숭고한 목적이 생기면, 학생들은 학습을 전혀 새로운 의미로 파악한다.

숙련, 자주, 목적은 학생들의 학습 엔진을 구동시킬 질 좋은 연료가 되기에 충분하다.

동기를 유발하는 다른 방법은 다섯 가지 C를 활용하는 것이다. 다섯 가지 C는 선택(Choice), 도전(Challenge), 호기심(Curiosity), 협동(Cooperation) 그리고 경쟁(Competition)이다. 나는 운 좋게도 이스트 캐롤라이나 대학의 브라이언 하우샌드Brian Housand 교수와 노스 캐롤라이나 윌밍턴 대학의 안젤라 하우샌드Angela Housand 교수가 2013년에 열린 미국 영재아 협회(National Association for Gifted Children Conference)에서 했던 다섯 가지 C에 대한 발표를 들었다. 회의에서 두 교수는 영재 담당 교사들에게 다섯 가지 C를 활용해서 영재 학생들의 동기를 북돋우라고 격려했지만 사실 교사는 다섯 가지 C를 활용해서 모든 학생의 동기를 자극할 수 있다.

선택(Choice)

인터넷은 우리가 상상하는 것보다 더 많은 선택권을 보장한다. 인터넷에서 정보를 검색하다 보면 자연스럽게 이런 질문이 떠오른다.

"어떻게 해야 인터넷에 떠도는 수많은 정보 중에서 정확한 정보를 추려낼 수 있을까?"

브라이언 교수의 말을 들어보자.

"우리는 인류를 달에 보내기 위해 NASA가 사용한 컴퓨터보다 더 강력한 기기를 주머니에 넣고 다닌다."

스마트폰은 학생의 정보 검색 능력과 정보 활용 능력을 신장시킬 수 있는 훌륭한 디지털 기기이다. 인터넷에 거짓 정보가 흘러 다닌다고 해서 걱정하지 말자. 학생들에게 스스로 정보를 선택할 수 있는 권리를 부여하자. 학생들에게 스스로 정보의 정확성을 판단할 수 있는 기회를 보장하라. 학생들은 선택의 기회를 보장받고 나서야 합리적인 선택을 내릴 수 있는 능력을 기를 수 있다.

도전(Challenge)

학생들은 적절한 도전 의식을 느낄 때 동기가 유발된다. 만약 학습 내용이 "도전 정신을 불러일으키기에 충분"하다면 학생들은 수업에 빠져들듯 몰입할 것이다. 비디오 게임은 이러한 몰입 상태를 적절히 활용하는 방식으로 구성되어 있다. 만약 교사가 학생들의 도전 정신을 불러일으키는 수업을 한다면 학생들은 시간이 가는 줄도 모르고 학습 활동에 푹 빠져서 주변에서 누가 뭐라 하든 신경 쓰지 않고 학습에 매진할 것이다. 학생들이 수업에 너무 집중한 나머지 종이 치고 나서 이런 말을 한다고 상상해 보라.

"와, 수업이 벌써 끝났어요?"

호기심(Curiosity)

우리는 점점 더 많은 지식을 획득하는 뛰어난 능력을 가지고 있다. 브라이언 교수에 따르면 사람들이 느끼는 호기심은 직선 구조보다는 순환 구조와 관련되어 있다.

- 무엇인가에 호기심을 느낀다.
- 반응 : 호기심을 느끼는 대상에게 어떤 행동을 한다.
- 호기심을 해결하면서 더 호기심을 느낀다.

이 순환 구조는 호기심을 해결한 순간과 다른 호기심을 느끼는 순간이 시간상 멀리 떨어져 있을 때 깨져버린다. 따라서 교사는 학생들이 호기심을 자주 느끼도록 다양한 지적 자극을 줘야 한다.

협동(Cooperation)

자기 자신보다 큰 집단의 일원이 된다는 느낌은 내적 동기를 불러일으킨다. 학생들은 자신과 비슷한 능력, 흥미를 가진 친구들과 함께 학습하는 경우 더 많은 지적 에너지를 사용한다.

경쟁(Competition)

학생들은 친구와 선의의 라이벌 관계를 맺을 때 학습에 더 집중하기 마련이다. 그룹이 공동으로 만들어낸 결과물이 개인의 순수한 결과물보다 중요하게 여겨지는 경우, 개인이 기울인 노력은 인정받기 힘들어진다. 교사가 학생 개인들 사이에 도전적이고 경쟁적인 분위기를 조성하면 개인적 노력을 인정받고자 하는 대부분의 학생들은 학습에 몰입할 것이다.

여러분은 학생들이 훌륭하게 자라나도록 힘을 북돋아주는 탁월한 동기 유발자가 되고 싶은가? 내가 앞서 설명한 동기 요인 중에서 어떤 요인이 여러분의 학생들을 움직이게 만드는지 알아내자. 그리고 학생들이 몰입할 수 있는 수업을 계획하고 동기를 유발하는 수업 분위기를 조성하자.

16
기술을 외면하지 마라

교사는 자신의 능력 범위 안에서
최상의 학습 도구를 사용해야 한다.

멕시코의 유명한 예술가인 디에고 리베라Diego Rivera[01]는 어렸을 적부터 자신의 집 벽에 그림을 그리면서 벽화가로서의 삶을 시작했다. 리베라의 부모님은 리베라가 벽에 어떤 그림을 그려도 꾸짖기는커녕, 오히려 그의 재능을 살려주려고 지원을 아끼지 않았다고 한다. 한 예로 부모는 집 벽에 칠판과 캔버스를 걸어두는 등 리베라가 재능을 꽃피우는 데 필요한 도구를 아낌없이 마련해 줬다고 한다.

---

01   디에고 리베라(1886~1957)는 멕시코의 화가로서 민중을 위해 멕시코의 신화, 역사, 서민 생활을 건축물에 벽화로 그려넣었다.

부모의 교육 방식은 이렇게 요약될 수 있다. 부모는 리베라가 아무리 벽을 엉망으로 만들어놔도 붓을 빼앗지 않았다. 대신 리베라가 편하게 그림을 그릴 수 있도록 장소와 도구를 지원했다. 부모에게서 아낌없는 지원을 받은 덕분에 리베라는 성인이 되어 멕시코뿐만 아니라 전 세계의 빌딩에 파격적이고 통찰력이 번뜩이는 그림을 그려넣는 예술가가 되었다.

이번에는 오늘날 학교에 초점을 맞춰보자. 우리는 학교에서 스마트폰, 태블릿, 컴퓨터, 앱, 웹사이트를 흔히 볼 수 있다. 디지털 기기와 도구는 이미 오래전에 교사의 생활, 학생의 생활 그리고 교육에 깊숙이 파고들었다. 생활과 기술이 결합되는 이 시대에 우리는 다음과 같은 질문을 제기할 수 있다.

"디지털 기술은 학생이 누려야 할 특권 혹은 권리인가?"

솔직하게 말해서 나는 이 질문에 대해 생각할 때마다 머릿속이 복잡해지고 교육과 기술의 근본적인 관계에 대해 고민하게 된다. 다음은 내가 오랜 기간 고민한 끝에 얻은 결론을 설명한 내용이다.

첫째, 교육은 학생들이 살아갈 미래의 삶과 밀접한 관련이 있는 것이어야 한다. 교사는 학생들이 사회에 공헌하는 일원이 되도록 가르쳐야 한다. 교사가 학생들의 미래는 염두에 두지 않고 오직 자신의 생계를 위해 학생들을 가르친다면 교사는 학생들에게 해를 끼치는 것이나 다름없다.

둘째, 교사는 학생들이 효율적으로 학습할 수 있도록 효과적인 수업 방법을 강구해야 한다. 강의식 수업에서 학생들은 쉽게 산만해지고 효율적으로 학습하지 못한다. 교사가 효과적인 수업을 하기로 결정했다면, 다시 말해 디지털 도구를 수업에 적용하기로 결정했다면 학습 효과가 떨어지는 강의식 수업은 될 수 있는 한 지양해야 한다.

이와 같은 교육과 기술에 대한 근본적인 성찰에 근거하여 내가 내린 한 가지 결론은 바로 이것이다. 디지털 기술은 학생의 양도 불가능한 권리가 되어야 한다. 만약 환자의 회복 기간을 앞당기고 각종 감염의 가능성을 줄일 수 있는 새로운 수술 도구나 과학기술이 도입되었다면 우리는 의사에게 수술할 때에는 꼭 그 도구와 기술을 활용하라고 촉구할 것이 분명하다. 이와 마찬가지로 교사는 학생들이 효과적으로 학습하는 데 도움이 되는 도구를 충분히 활용할 수 있도록 기회를 보장해야 한다. 만약 수업 시간에 교사가 학생들에게 핸드폰을 집어넣으라고 하거나 교육적 가치가 분명한 인터넷 사이트에 접속하지 못하게 한다면 이것은 응급 환자를 치료하는 의사에게 한 손을 등 뒤에 댄 채로 환자를 살려내라고 요구하는 것과 비슷한 처사이다.

예전에 나는 디지털 기술이 학생에게 선택 사항이 아니라 필수적 권리라는 주장을 접할 때마다 마음 한구석이 불편해졌다. 나는 멍한 표정으로 게임을 하거나 소셜 미디어에 셀카 사진을 올리느라 허송세월했던 과거의 내 모습을 떠올리면서, 이렇게 쉽게 오용될 수 있는 디지털 기술이 어떻게 학생의 필수적 권리가 될 수 있는지 의아해했다. 디지털 기술 자체의 오용 가능성도 걱정이 됐지만, 수업 시간에 학생들이 불량한 태도로 디지털 기술을 사용할 때마다 마음이 혼란스러웠다.

실제로 나는 고등학교 1, 2학년 학생들이 섞여 있는 학급을 가르치다가 하마터면 기술 지향적인 내 교육 신념을 잃어버릴 뻔했다. 그 학급은 책상이 모자라서 교실에 책상을 더 가져다놓아야 할 정도로 과밀학급이었다. 게다가 학생들은 모두 개성이 강했고 서로 갈등도 심했다. 나는 학생들을 가르치기가 너무 힘들어서 내가 지향하는 교사상을 스스로 저버릴 때가 많았는데, 예를 들면 시도 때도 없이 학생들을 조용히 시키느라 고함을 지르고, 벌로 숙제를 내주고, 디지털 기술을 활용하지 못하게 했다.

그렇다. 방금 전에 디지털 기술이 학생의 양도 불가능한 권리라고 주장했던 이 책의 저자는 과거에 학생들에게서 디지털 기술을 사용할 권리를 박탈했던 경험이 있다. 물론 나도 그렇게까지 하고 싶지 않았지만 몇몇 학생들이 수업 시간에 인터넷에 불량한 글을 게시하는 모습을 지켜보고만 있을 수는 없었다. 그날 나는 그 학생들이 수업의 남은 시간 동안 인터넷을 사용하지 못하도록 했다. 이후에 나는 적절한 날을 골라 학생들과 그날 있었던 일의 여파에 대해 허심탄회한 대화를 나눴다. 학생들은 수업 시간에 디지털 기기를 아예 사용하지 못하게 된다면, 그래서 디지털 기기를 활용한 학습을 하지 못하게 된다면, 자신에게 어떤 영향이 있을지 금세 알아차렸다. 그 후로 나는 수업 시간에 학생들에게서 디지털 도구를 빼앗은 적이 한 번도 없다.

물론 교사는 학생들에게 바람직한 학습 경험을 제공하기 위해서라면 일시적으로 디지털 기술을 차단하는 것과 같은 극단적인 방법을 사용할 수도 있다. 그러나 교사는 항상 교육의 근본을 염두에 둬야 한다. 교사는 학생의 삶과 밀접한 수업을 해야 할뿐 아니라 자신의 능력 범위 안에서 최상의 학습 도구를 사용해야 한다.

교사가 최상의 학습 도구를 활용해서 학생의 삶과 밀접한 교육을 하려면 구체적으로 어떻게 해야 할까? 교사는 학생을 믿어야 한다. 그리고 학생들이 책임감을 가지고 디지털 기술을 활용할 수 있도록 가르쳐야 한다. 디지털 기술 때문에 한바탕 애를 먹은 뒤로 나는 수업의 주도권을 쥐려고 혹은 학생들이 저지를 수 있는 여러 문제들을 사전에 방지하려고 학생들에게서 디지털 기술을 빼앗는 것과 같은 행동을 절대로 하지 않는다. 대신 나는 수업의 목표와 기대하는 결과를 정확히 정한 다음, 전적으로 학생들을 믿고 학생들의 손에 디지털 도구를 쥐어준다. 또한 나는 예전에 경험했던 것과 같은 불미스러운 일이 다시는 일어나지 않도록 디지털 도구를 사용할 때 지켜야 할 약속을 구체적으로 정했다.

무릇 교사는 학생들을 더 잘 가르치기 위해서라면 유용한 도구를 자유롭게 사용할 권리가 있다. 마찬가지로 학생들도 그 유용한 도구로 학습할 권리가 있다. 세상은 빠르게 변하고 있고 학생들은 이 세상에 적응하는 데 도움이 되는 도구를 사용할 필요가 있다. 이런 상황에서 교사가 수업 시간에 학생들에게서 디지털 도구를 빼앗아버린다면 교사는 학생들에게 해를 끼치는 것이나 다름없다.

소셜 미디어는 교사가 학생들에게 올바른 사용법을 가르쳐야 하는 대표적인 매체이다. 종종 교육 위원회와 학교 관리자들은 개인 정보 보호와 안전상의 이유로 학교에서 소셜 미디어의 사용을 제한한다. 그러나 나는 교육계가 소셜 미디어를 수업에 도입할 수 있는 안전하고 혁신적인 방안을 하루빨리 마련해야 한다고 생각한다. 앞으로 소셜 미디어는 사라지지 않을 것이다. 이미 전 세계의 수많은 사람들이 소셜 미디어를 삶의 일부로 생각하고 있고, 시간이 지날수록 소셜 미디어는 더 많은 대화의 통로를 만들어내고 있다. 소셜 미디어는 오직 지인들끼리 대화를 나눌 수 있도록 온라인 공간을 만들어낸 것이 아니라, 이전에는 불가능했던 수준의 대화가 실제로 이루어지도록 전 세계적인 대화의 창구를 만들어냈다.

오늘날 학생들이 수업 시간에 꼭 배워야 하는 것들을 꼽으라면 나는 소셜 미디어를 안전하고 효율적으로 사용하는 법과 소셜 미디어에 숨겨진 무궁무진한 가능성을 들겠다. 방금 내가 말한 것들은 학교에서 학생들이 의무적으로 배워야 하는 네티켓(Netiquette, 인터넷에서 지켜야 할 예의)보다 훨씬 중요하다. 학생들이 소셜 미디어 사용법을 익히려면 직접 소셜 미디어를 사용해보고 교사의 사용법을 본받을 필요가 있다. 교사는 소셜 미디어를 사용하면서 경험했던 일이나 소셜 미디어를 효율적으로 사용하는 법을 주제로 학생들과 대화를 나눠야 한다. 교사가 학생들의 머리를 모래 속에 파묻고 디지털 기술을 무시하거나 외면하게 만드는 것은 훌륭한 교육적 기회를 스스로 포기하는 것과 같다.

17

최고의 컨설팅 위원은 자기 자신이다

교사가 교육 자료를 이토록 손쉽게 얻을 수 있었던 적은 역사상 없었다.
그리고 교사는 내일이 되면 더 많은 자료를 얻을 수 있을 것이다.

"트위터 사용법을 알려주실 분 계신가요? #트위터초보"

내가 트위터에 처음으로 올린 글이다. 여기에 소개할 만한 글이 아니라는 건 나도 잘 안다. 그러나 내가 받은 첫 리트윗은 여기서 소개할 정도로 좋았다.

내게 트윗을 보낸 사람은 사우스캐롤라이나에 거주하고 있고 교육과 기술을 접목하는 데 전문가인 션 전킨스Sean Junkins(@sjunkins)이다. 전킨스는 내게 이렇게 썼다.

"나는 학생들을 가르치면서 디지털 기술을 잘 몰라서 수업 시간에 활용하지 못하겠다고 말하는 학생을 본 적이 없습니다."

나도 전킨스와 같은 생각이다. 내 생각에 학생과 달리 교사들은 새로운 디지털 기술에 일종의 거부감을 가지고 있는 것 같다. 새로운 디지털 교육 도구가 등장하면 교사들은 그 도구를 수업에 활용해서 학생들을 수업에 참여시킬 방법을 생각하기보다는 일단 컴퓨터 앞에 앉아 한 시간 동안 사용법에 관한 연수를 듣길 바란다.

평소에 나는 교육기관에서 실시하는 전문성 신장 연수를 자주 듣지 않는다. 물론 연수를 들으면 훌륭한 수업 방법을 많이 배울 수 있다. 게다가 나는 연수를 들을 때 교사들끼리 머리를 맞대고 수업 방법에 대해 논의하는 걸 무척 즐긴다. 그러나 만약 여러분이 연수를 통해 평소에 가지고 있던 질문이 모두 해결되기를 바란다거나 수업의 질을 높여줄 묘약을 얻을 수 있다고 생각한다면 여러분은 우물에서 숭늉을 찾고 있는 것이나 다름없다.

내가 하고 싶은 말은 이것이다. 여러분은 자신에게 최고의 컨설팅 위원이다. 컨설팅 위원은 바로 여러분 자신이다. 여러분은 자신의 장점과 단점을 누구보다 정확히 알고 있다. 여러분은 자신이 어떤 분야에 돈과 시간을 투자해야 할지 알고 있다. 여러분은 자신이 어떤 사람이 되고 싶은지 정확히 알고 있다. 여러분은 학생들의 머리 위에 전구가 켜져서 학생들이 갑자기 '깨달음'을 얻었다고 외칠 때 교사로서 어떤 전율을 느끼게 되는지 알고 있다. 컨설팅 위원은 연수 강사가 아니다. 여러분 자신이다.

여러분의 장점, 단점, 비전, 흥미 등을 두루 살펴보고 교사로서의 삶을 스스로 개척하라. 자신이 좋아하는 것을 배워라. 여러분은 구글에서 직접 검색을 하거나 소셜 미디어로 동료 교사에게 물어보는 것만으로도 수많은 수업 정보, 교훈, 교육철학, 수업 아이디어를 얻을 수 있다. 교사가 교육 자료를 이토록 손쉽게 얻을 수 있었던 적은 역사상 없었다. 그리고 교사는 내일이 되면 더 많은 자료를 얻을 수 있을 것이다.

이 점에서 교사는 학생을 평소와는 다른 시각에서 관찰할 필요가 있다. 다시 말해 교사는 학생을 롤모델 삼아 교훈을 얻을 수 있다. PC 게임에 푹 빠져 있는 학생을 상상해 보자. 그 학생이 게임의 어느 한 지점에 막혀 결국 그 부분을 넘지 못했다고 해 보자. 그 학생은 안타까운 마음에 게임 컨트롤러를 내려놓지 못하고 이렇게 말할지 모른다. "아, 난 그냥 포기할래. 이 게임의 끝을 보기는 힘들 거 같아." 정말 그럴까? 천만의 말씀이다. 그 학생은 당장 유튜브에서 그 게임과 관련된 영상을 찾아볼 것이다. 그 학생은 게임을 잘하는 친구들에게 휴대폰으로 문자를 보내 도움을 구할지도 모른다. 어쩌면 구글에서 게임 토론방을 검색할지도 모른다. 솔직히 말하자면, 나는 그 학생이 이미 여러 게임 토론방의 회원으로 등록되어 있어서 굳이 구글에서 게임 정보를 검색하지 않고도 문제를 해결할 수 있으리라 생각한다.

이 학생이 게임을 위해 노력하는 과정은 흠잡을 데가 없다. 그렇지 않은가? 교사도 학생처럼 자신의 문제를 스스로 해결할 수 있다. 내가 하고 싶은 말은 이것이다. 비전을 정하고 비전을 실현하는 데 필요한 자료를 찾은 다음 실천에 옮겨라.

머리가 꽉 막혔거나 새로운 디지털 기술을 어떻게 활용할지 모르겠다면 아래의 방법 중에 적절한 것을 선택해서 그 기술을 익혀보자.

영상은 셀 수 없이 많다

디지털 도구나 새로운 수업 방법을 익히는 가장 효과적인 방법은 누군가가 직접 시범 보이면서 설명하는 모습을 보는 것이다. 유튜브를 비롯한 여러 비디오 사이트에는 새로운 수업 방법을 자세히 설명하는 영상이 일일이 확인할 수 없을 만큼 많다. 예를 들어, 예전에 나는 기준 기반 평가(Standard based grading)에 관심을 가지게 되었다. 나는 기준 기반 평가 방법을 더 자세히 알아보고 싶어서 릭 워멜리Rick Wormeli의 비디오 영상을 찾아봤고 결국 궁금증을 해결할 수 있었다.[01] 국제교육기술협회(ISTE, International Society for Technology in Education)는 광범위한 교구와 교육 현안을 주제로 회의를 열고 회의 때 쓰인 프레젠테이션 영상을 유튜브에 게시하고 있다.

학생에게 직접 물어보자

당장 뭘 배워야 할지 모르겠다면? 학생에게 물어보자. 관리직을 맡고 있어서 담당하는 학생이 없다면 적당한 학생을 찾아서 물어보자. 학생들이 요즘 무엇에 흥미를 느끼고 있는지, 어떤 수업 방식을 좋아하는지, 무엇을 할 때 즐거운지 물어보자. 그다음 학생들의 답변을 여러분의 학급이나 직장의 차기 과제로 정해 보라. 이렇게 하는 것이 어딘가 불편하더라도 한 번 시도해 보라. 불편한 것이 꼭 나쁜 것만은 아니다.

블로고스피어(blogosphere)를 참고하자

Blogging.org에서 공개한 인포그래픽에 따르면 2012년 한 해에만 3,100만 명에 가까운 블로거들이 약 4,200만 건의 포스트

---

01 https://www.youtube.com/user/stenhousepublishers/search?query=wormeli

를 작성했다. 전체 블로그 중에서 교육 관련 블로그가 차지하는 비중은 작은 편이지만 그중에는 정말 유익한 블로그들이 있다. 특히 나는 존 스펜서John Spencer[02]가 운영하는 Spencer Ideas[03]를 즐겨 찾는다.

어떻게 해야 유익한 블로그를 찾을 수 있을까?

많은 교사들이 트위터에 좋은 기사를 인터넷 링크로 연결해 두고 많은 사람들과 공유한다. 유익한 블로그를 찾는 가장 간단한 방법은 트위터 검색창에 #edchat을 검색하는 것이다. 검색된 화면에서 눈길이 가는 블로그 포스트를 발견했다면 그 블로그를 방문해 보고 싶은 마음이 들 것이다(13장 참고).

세상의 많은 교사들과 소통하고 그들이 하는 말에 귀를 기울여보자. 셀 수 없이 많은 교사들이 소셜 네트워크를 통해 수업 중에 자신이 깨달은 점과 생각을 공유하고 있다. 그들의 생각을 엿볼 방법은 무척 많다. 그들의 말에 귀 기울이고 용기를 내서 그들의 아이디어를 수업에 적용해 보자.

---

02 https://twitter.com/spencerideas

03 http://www.spencerideas.org/

여러분의 연구를 크라우드소싱(Crowdsource)[04]하라

소셜 네트워크를 통해 교사들과 소통을 시작했다면 그들에게 무엇을 배우면 좋을지 물어보자. 여러분은 놀라운 답변을 얻게 될 것이다. 요즘 유행하는 말로 "이 방 안에서 제일 똑똑한 사람은 방 자체이다."[05] 그러니 방에게 질문하라.

시도하라

지금 여러분이 처한 상황을 들여다보면 좋은 아이디어가 나올지 모른다. 학생들을 면밀히 관찰해 보자. 학생들은 무엇에 동기가 유발되고 흥미를 느끼는가?(여러분은 이미 이 질문에 답을 가지고 있을 것이다) 자신과 학생들을 관찰한 다음에는 마음껏 상상의 나래를 펼쳐 디지털 기술을 부분적으로 혹은 전적으로 활용하는 수업을 계획해 보자. 설사 여러분이 계획한 수업이 일찍이 듣지도 보지도 못했던 수업일지라도, 아니 그런 수업일수록 계획을 밀고 나가라. 여러분의 계획 중 일부는 보기 좋게 어긋날지

---

04 crowdsource는 대중을 뜻하는 'crowd'와 외부 발주를 뜻하는 'outsource'의 합성어로서, 많은 사람이 참여하여 문제를 해결하는 것을 뜻한다.

05 요즘은 많은 사람들이 네트워크를 통해 지식을 공유한다. 따라서 가장 똑똑한 사람은 특정한 개인이나 집단 지성이 아니라, 네트워크 그 자체이다.

도 모른다. 무슨 상관이랴. 변화는 늘 일어나기 어려운 것이다.[06]

여러분을 불편하게 만들 사람을 찾아라

교육 커뮤니티에 가입하고 어느 정도 시간이 지나면, 많은 회원들이 긍정적인 사고방식을 가지고 활동하고 있다는 사실을 깨닫게 될 것이다. 긍정적인 사람과 함께하면 여러모로 좋은 점이 많다. 그러나 여러분이 도전 정신을 불러일으키는 사람 혹은 여러분의 신념과 반대되는 생각을 옹호하는 사람과 어떻게든 소통하지 않는다면, 여러분은 아마 전문가로 거듭나는 데 어려움을 겪게 될 것이다. 사실 전문적인 지식을 바탕으로 여러분에게 도전 정신을 불러일으키는 사람은 그 자체로 귀한 자산이다. 그런 사람을 찾아서 같이 성장하라.

기억하자. 주변에 여러분을 도와줄 사람은 많다. 그러나 여러분이 나아갈 길을 온전히 계획할 수 있는 사람은 바로 여러분 자신뿐이다. 우리 모두는 각자의 손에 자신의 미래를 바꿀 만한 힘을 갖고 있다.

자신이 곧 추진력이다. 자신이 최고의 컨설팅 위원이다.

---

06 http://ditchthattextbook.com/2014/01/23/rea-change-is-slow-its-discouraging-but-take-heart

18

세일즈맨처럼 학생들에게 팔아라

훌륭한 교사는 학생들로 하여금

교사의 상품을 계속 구입하게 만드는 데 뛰어난 능력을 가진 사람이다.

영국의 소설가 로버트 루이스 스티븐슨Robert Louis Stevenson은
이렇게 말했다.

"우리는 늘 무엇인가를 판매하면서 살아간다."

교사도 마찬가지다. 교사는 학생들에게 학습 동기와 학습 내
용을 판매한다. 책임감도 빠지지 않는 판매 상품이다.

여러분은 세일즈맨에 비유되는 게 께름칙한가? 여러분이 사
람들을 설득할 때에는 세일즈맨처럼 행동하고 생각하고 말한다
는 점만 인정한다면 아무래도 좋다. 교사에게 설득하는 능력은
반드시 필요하다. 자신의 학급에 완전한 주도권을 쥐고 있다고

생각하는 교사조차도 늘 학생들을 설득해야 하는 형편이다.

교육과 창의력 분야의 전문가인 켄 로빈슨_{Ken Robinson}의 말을 들어보자. 로빈슨은 한 컨퍼런스에서 기조연설[01]을 하며 이런 말을 했다.

"어느 누구도 다른 사람으로 하여금 무엇인가를 배우게 할 수는 없습니다. 우리가 억지로 꽃이 자라나도록 할 수 없는 것과 같은 이치입니다. 꽃 옆에 앉아서 줄기에 꽃과 잎을 매달고 알록달록한 물감을 칠한다고 해서 꽃이 자라는 것은 아닙니다. 이런 식으로 꽃을 키우는 사람은 아무도 없습니다. 여러분이 어떤 분야에서 일하든 간에, 여러분이 할 일은 소기의 목적이 스스로 이루어질 수 있도록 최상의 조건을 조성하는 것입니다."

교사는 학생들의 머리에 억지로 지식을 주입할 수 없다. 다만 학생들에게 학습의 가치를 팔 수 있을 뿐이다. 예를 들어 교사는 학생들에게 수업 마치기 5분 전에 꾸벅꾸벅 조는 것보다는 그 시간에 숙제를 미리 해놓는 편이 더 나은 이유를 판매해야 한다. 교사는 학생들에게 피타고라스 정리의 중요성과 활용 방

---

01 Sir Ken Robinson's Keynote Speech to the Music Manifesto State of Play conference on the second day of the event January 17, 2007. http://www.brainhe.com/resources/documents/sir_ken_robinson_musicmanifestoconfkeynote07.pdf

안을 판매해야 한다. 교사는 학생들에게 무엇인가를 계속해서 팔아야 하는 입장이며 훌륭한 교사는 학생들로 하여금 교사의 상품을 계속 구입하게 만드는 데 뛰어난 능력을 가진 사람이다.

교사가 학생들에게 교육과 관련된 상품을 판다는 것은 결코 쉬운 일이 아니다. 요즘 세상에는 학생들의 이목을 사로잡는 것들이 너무 많다. 학생들이 어딜 바라보든 그곳에는 무엇인가를 판매하려고 애를 쓰는 사람들이 존재한다. 요즘 학생들은 부모, 교사, 방과 후 활동, 소셜 미디어, 게임 그리고 친구 중 어느 하나에도 제대로 집중을 하지 못한다. 학생들은 틈만 나면 한눈을 팔지 않던가.

유능한 세일즈맨들도 산만한 고객을 설득하기는 무척 힘들다. 불행하게도 교사는 정식으로 마케팅 교육을 받지 않은 상태에서 어린 학생들이 주 고객인 시장에서 일하고 있다. 어떻게 해야 교사는 세상의 잡다한 자극을 물리치고 학생의 이목을 사로잡을 수 있을까? 어떻게 해야 교사는 학생들이 교사의 상품을 구매해서 사용하게 할 수 있을까?

우리는 다니엘 핑크Daniel Pink의 저서 《파는 것이 인간이다(To Sell Is Human)》에서 이 질문을 해결할 수 있는 단서를 발견할 수 있다. 이 책에는 전통적인 세일즈 분야에서 경력을 쌓는 노하우가 소개되어 있지만 그 요지는 교육 분야에도 적용할 수 있다.

1. 교사의 생각에 동의하는 이유를 학생들이 직접 말하게 하라.

학생들이 교사의 생각에 동의할 만한 상황을 조성한 후 그 상황에서 빠져나와라. 동의해야 하는 이유를 학생들에게 말해 주지 마라. 학생들이 스스로 이유를 찾아내도록 하라. 교사가 학생들을 수업에 참여시키는 것은 소소한 판매 행위를 하는 것과 같다. 한편 교사가 학생들을 미래 사회에 적합한 인재로 길러내는 것은 규모가 큰 판매 행위에 비유될 수 있다. 교사가 판매 실적을 올리려면 수업 시간에 그럴듯한 상황을 조성하고 학생들이 교사의 가르침과 자신의 미래를 스스로 관련짓도록 독려해야 한다. 다니엘 핑크는 다음과 같이 이야기한다.

"사람들은 여러분에게 동조할 이유를 스스로 납득할 때 여러분의 말을 철석같이 믿고 따릅니다."

2. 사실과 질문 중에 무엇으로 고객을 설득할 것인지 결정하라.

교사는 항상 학생, 동료, 교감, 교장을 상대로 무엇인가를 설득하며, 심지어 사랑하는 사람도 설득한다. 교사는 설득이 기본적으로 질문과 사실을 효율적으로 이용하는 과정이라는 것을 경험을 통해 알고 있다. 핑크는 세일즈맨이 무엇을 판매하든 간에 고객을 효과적으로 설득하려면, 적어도 어느 대목에서만큼은 질문이나 사실을 적절하게 사용해야 한다고 주장한다. 지금부터 사실과 질문을 선택해서 사용해야 하는 경우를 살펴보자.

여러분이 문제의 분명한 답을 알고 있는 경우에는 질문으로 고객을 설득해야 한다. 이유가 뭘까? 여러분이 고객에게 계속 질문을 하면 결국 고객은 여러분이 듣고 싶은 대답을 할 것이기 때문이다. 이처럼 질문에 대한 답이 명백히 정해진 경우에 여러분은 질문으로 고객을 리드할 수 있다.

반면 대답이 정해져 있지 않은 경우에 계속 질문을 했다가는 고객이 샛길로 빠져버릴 가능성이 크다. 문제에 대한 답이 "예, 아니오"처럼 분명하지 않은 경우에는 사실로 고객을 설득해야 한다. 이 방법은 질문을 활용한 설득 방법에 비해서 제한적이기는 하지만 고객이 수많은 선택 사항 중 하나를 선택해야 하는 경우에 여러분이 고객을 설득할 확률이 가장 높은 방법이다. 고객에게 여러분이 알고 있는 사실을 강조하고 그 가치를 설명하라. 고객은 수많은 선택 사항 중 하나를 선택할 때 여러분의 제안을 참고할 것이다.

3. 디지털 세계에는 폭넓은 관객층이 존재한다는 걸 명심하라.

소셜 미디어는 교사의 수업을 긍정적으로 혹은 부정적으로 부각시킬 수 있는 무시무시한 힘을 가지고 있다. 학생들이 수업 시간에 멋진 경험을 하고 난 후에 페이스북이나 트위터에 수업 소감을 게시한다면, 많은 학생, 교사, 학부모, 행정가에게도 학생의 소감이 전해질 가능성은 충분하다. 이런 식으로 여러분의 수업이 공유되면 많은 사람들이 여러분의 학급과 수업에 관심을 가질 것이다. 물론 학생이 수업을 설명하는 과정에서 오해를 하거나 단어를 잘못 선택해서 수업의 긍정적인 면이 훼손되고 부정적인 면이 부각되는 경우도 충분히 일어날 수 있다.

핑크는 이러한 입소문의 효과를 도로변에 트럭을 세워놓고 옥수수를 파는 농부를 예로 들어 설명한다. 농부가 손님들에게 바가지를 씌우면 손님들은 친구나 가족에게 그 사실을 일러바칠 것이고 결국 농부의 사업은 망할 것이다. 반면 농부가 손님들을 양심과 정성으로 대하면 손님들이 주변 사람들에게 좋은 소문을 내서 농부의 사업은 번창할 것이다. 결론은 이것이다. 한두 번의 실수로 교사가 정성을 들인 수업의 가치가 훼손되는 것은 아니다. 진심은 통하기 마련이다.

4. 섬기는 리더가 되라.

예전부터 내려온 확실한 세일즈 방법은 일단 고객을 섬기고 그다음 물건을 팔라는 것인데 이 방법은 오늘날에도 유효하다. 세일즈에서는 인간관계가 무엇보다 중요하며 훌륭한 교사는 학생들과 어떻게 관계를 맺어야 하는지 잘 알고 있다. 학생들은 자신이 롤모델로 생각하는 어른이나 가까운 관계를 맺고 지내는 성숙한 어른에게서 조언을 듣고 싶어 한다. 따라서 교사는 늘 학생들에게 관심을 기울이고 친밀한 관계를 유지해야 한다. 한가할 때에도 손님의 자동차에 귀를 기울여 수상한 소리를 잡아내는 자동차 수리공이 결국 고객의 신뢰를 얻어 정비 사업에 성공하는 것과 같은 이치이다.

5. 정말 필요한 것이 무엇인지 깨닫도록 도움을 주어라.

우리는 웬만한 질문 정도는 구글에서 쉽게 답을 찾을 수 있는 정보화 시대에 살고 있기 때문에 사람들은 정답에 크게 신경 쓰지 않는다. 사람들이 바라는 것은 자신에게 필요한 것이 무엇인지 알아내는 데 도움을 줄 수 있는 사람이다. 다니엘 핑크는 "새로운 문제의 정체를 밝히는 일은 기존의 문제를 해결하는 일 못지않게 중요하다."고 말한다.

요즘 학생들은 자신의 문제를 금방 해결한다. 그러나 학생들은 자신의 가장 중요한 문제가 무엇인지 알아내는 데 도움을 주거나 자신이 생각한 해결책을 객관적으로 평가해 줄 성숙한 어른을 만나지 못해서 애를 태우고 있다. 교육 혁신가 캐롤 앤 톰린슨Carol Ann Tomlinson은 이렇게 말한다. "학생들은 학습 동기와 관련된 근본적인 질문을 두 개 가지고 있다. 교사가 나를 바라보고 있을까? 교사가 나를 어떤 시선으로 바라보고 있을까?"

교사는 학생에게 절대적으로 필요한 존재이다. 학생을 관찰하라. 학생에게 애정을 표현하라. 그리고 학생의 말에 귀 기울이고 적절한 조언을 하라.

많은 교사들이 교실 수업에 세일즈 기법을 적용하는 걸 이상하게 생각할지 모른다. 이렇게 생각해 보면 어떨까? 교사는 자신에게 이득이 되는 일을 학생들에게 억지로 시키려고 수업을 하는 것이 아니다. 교사는 학생들이 보다 나은 삶을 사는 데 도움이 되는 방향으로 생각하고 말하고 행동하라고 설득하기 위해 수업을 하는 것이다. 나 역시 학생들에게 보다 나은 삶을 위한 행동 양식을 판매하기 위해 수업을 한다.

학생의 마음을 사로잡는
네 가지 방법

마이클 하얏Michael Hyatt은 저서 《Platform》에서 저자, 연설가, 리더가 이 복잡한 세상에서 대중의 이목을 사로잡는 방법을 소개했다. 하얏은 대중을 상대로 말을 해야 하는 사람, 상품을 판매해야 하는 사람이라면 누구나 자신만의 플랫폼을 갖춰야 한다고 주장한다. 교사는 두말할 것도 없다. 교사는 매일 학생들에게 해야 할 말이 있다. 어떤 교사도 자신의 말을 학생들이 한 귀로 듣고 흘려버리길 바라지 않는다. 아래에서는 하얏이 주장한 플랫폼 구축 원칙 중에서 교육에 적용될 수 있는 것을 소개해 보겠다.

1
당신이 상대방에게 준 것보다 많은 것을 바라지 마라

악성 메일을 보내는 사람은 생면부지의 사람들에게 스팸 메일을 보내고는 물건을 사달라거나 버튼을 클릭해 달라고 갖은 떼를 쓴다. 이런 사람들은 오직 상대방이 자신의 뜻대로 움직여주기를 바란다. 한마디로 주는 것 없이 받으려고만 한다.

교사는 학생들에게 많은 것을 요구하고, 마땅히 그래야 한다. 그러나 교사는 여유가 날 때마다 학생들에게서 받은 것을 돌려줄 줄도 알아야 한다. 학생들과 대화를 해보자. 학생들이 좋아하는 문화를 직접 체험해 보자. 학생들이 자신을 중요한 사람이라고 느끼도록 대하자. 보상으로 달콤한 것을 주자. 달콤한 것은 언제나 효과를 발휘한다.

2
가치를 더하라

플랫폼과 관련하여 가치를 더한다는 말은 관객을 배려하고 가치 있는 것을 제공한다는 뜻이다. 교육도 기본적으로 다르지 않다. 교육이라는 개념에는 학생들에게 가치 있는 지식과 경험을 제공한다는 생각이 밑바탕에 깔려 있다. 문제는 요즘처럼 즉각적인 만족을 추구하는 문화의 영향을 받은 학생들이 수업에서 항상 가치를 발견하는 것은 아니라는 데에 있다. 따라서 교사는 학생들에게 먼 미래가 아닌 오늘 당장 써 먹을 수 있는 것도 줘야 한다. 학생들이 오늘 당장 필요한 것에는 재미있는 뉴스 광고문, 적절한 농담, 달콤한 것(잠깐, 아까 말하지 않았던가?) 등이 있다.

3
가능한 짧은 포스트, 문단, 문장을 써라

교사가 학생들이 읽을 글을 쓰는 것과 블로거가 구독자를 위해 글을 쓰는 것 사이에는 엄연한 차이가 있지만, 내용을 전달하는 방법에 있어서는 비슷한 면이 많다. 요즘처럼 인터넷이 24시간 가동되는 시대에는 콘텐츠가 넘쳐난다. 문제를 키우지 마라. 15분 동안 대화를 하는 것과 4분 동안 요점만 설명하는 것이 비슷한 효과를 낸다면 굳이 15분 동안 떠들어야 할 이유가 있는가? KISS(Keep it simple, stupid. 간단히 말해, 바보야)를 늘 명심하라. 영화 〈오션스 일레븐〉에 등장하는 러스티의 말을 빌리자면 이렇게 말할 수 있다. "네 단어로 충분할 때 일곱 단어를 쓰지 마라."

4
대화에 참여하라

하얏은 플랫폼을 구축하려면 많은 사람과 상호작용을 해야한다고 주장한다. 사람들은 누구나 친밀하고 인간적인 관계를 원한다. 사람들의 이 본능과도 같은 욕구를 충족시켜주기 위해서 교사는 사람들에게 먼저 다가가 손을 내밀고, 진심으로 대하고, 활발히 대화해야 한다. 마찬가지로 학생들도 교실에서 그저 교사의 강의만 듣고 있기를 바라지 않는다. 가끔 학생들에게 교사의 진짜 모습을 보여주자. 학생들에게 개인적 이야기를 들려줘라. 학생들과 개인적인 관계를 맺자. 학생들과 어울려라. 그리고 학생과 대화를 할 때 달콤한 것을 건네주면 어떨까? 달콤한 것은 되돌아오기 마련이다.

수업 시간에 잘 되는 부분은 무엇인가?
수업 시간에 잘 되지 않는 부분은 무엇인가?
어떤 부분을 개선하고 싶은가?
어떤 부분을 송두리째 뽑아 던져버리고 싶은가?

교과서를 버린다는 말의 구체적인 뜻은 지금까지와는 전혀 다른 혁신적인 수업 방법, 디지털 기술이 접목된 창의적인 수업 방법, 체험이 가능한 수업 방법을 모색한다는 것이다. 교사는 자신의 수업 방법을 스스로 평가할 때 비로소 수업에서 학생들이 정말 잘 따라주는 부분을 발견할 수 있다. 그리고 교사 자신이 직접 만든 학습 자료로 메꿔야 하는 빈틈도 발견할 것이다.

이번 장에서 나는 학생들의 미래와 긴밀하게 관련된 수업, 디지털 기술을 활용한 수업을 운영하는 실질적인 방법을 설명하려고 한다. 여러분이 종이가 없는 교실, 디지털 기술을 활용한 수업을 바라면서도 그 방법을 모르고 있었다면 이제부터 소개될 내용을 무척 반가운 마음으로 읽게 될 것이다.

Part 3

차라리 교과서를 버려라

19
학습 자료를 저장할 홈페이지를 마련하라

학급 홈페이지의 가장 큰 장점은 교사의 필요에 따라 활용할 수 있고
손쉽게 자료를 업데이트할 수 있다는 것이다.

나는 교과서를 뻥 차버리고 난 뒤 학생들과 웹(Web)이라는 새
롭고 다소 어수선한 세상에서 수업을 시작했다. 나는 학생들과
정말 많은 웹사이트를 방문했다. 종이가 사라진 교실에서 학생
들은 온갖 종류의 디지털 도구를 활용해서 학습했다. 시간이 흐
르자 내가 만든 학습 자료와 학생들이 제출한 과제물이 뒤섞이
기 시작했다. 학습 자료를 체계적으로 관리하지 못한 결과는 끔
찍했다. 나는 웹에서 가져온 자료들이 점점 더 뒤죽박죽이 되는
모습을 볼 때마다 학습 자료를 체계적으로 정리할 수 있는 학급
홈페이지의 필요성을 절감했다.

나는 주변에서 흔히 볼 수 있는 학급 홈페이지에는 별 관심이 없었다. 학급 소개, 교사에 대한 간략한 정보 그리고 수업 계획이 게시된 평범한 홈페이지와는 완전히 구별되는 웹사이트가 필요했다. 사실 일반적인 학급 홈페이지는 한눈에 보기에도 고리타분하고, 학생들이나 학부모가 자주 이용하지도 않는다. 관심을 끌만한 요소가 없기 때문이다.

나는 학생들과 밀접하게 관련된 역동적이고 매력적인 학급 홈페이지를 만들고 싶었다. 학급 홈페이지에 스페인어를 공부하는 데 꼭 필요한 학습 자료를 게시하고 싶었기 때문이다. 그렇지만 홈페이지를 만들기 위해 HTML, Java 혹은 다른 코딩 언어를 사용하거나 웹사이트 전문가에게 제작을 의뢰하고 싶지는 않았다. 나는 이러한 기술들이 지금까지 많은 사람들을 온라인 세상에 등장하지 못하게 하는 장애물이 되었다고 생각한다.

우선 Weebly.com에서 간편하게 학급 홈페이지를 만들기로 결정했다. 내가 Weebly를 선호한 이유는 일단 Weebly의 교육용 버전이 내가 근무하는 학구의 인터넷 필터에 걸리지 않고 작동했기 때문이다. 그리고 Weebly.com에서 제공하는 끌어놓기(drag and drop) 기능에 높은 점수를 주고 싶었다. 물론 나는 무료로 웹사이트를 개설할 수 있는 사이트, 예를 들면 구글 같은 사이트들도 고려했었다. 훌륭한 사이트가 많았지만 그중에서도 사용 방법이 제일 간단한 Weebly.com을 선택했다.

학급 홈페이지를 만드는 과정은 시작부터 무척 간단했다. 나는 이메일이나 소셜 미디어 계정을 만들 때처럼 Weebly.com에서 계정을 만든 다음, 페이지를 추가하고 학습 자료를 게시했다. 특히 학생들이 상호작용하며 효과적으로 학습할 수 있도록 구글 문서의 링크, 온라인 플래시 카드나 유튜브 영상과 같은 영상이 포함된 학습 자료의 링크를 게시했다. Weebly는 홈페이지 내에 독립적인 페이지를 만들 수 있는 기능을 제공하기 때문에, 나는 내가 가르치는 모든 학급에서 공통적으로 활용하는 사이트들을 모아 한 페이지에 게시하고 개별 학급을 위한 페이지는 따로 만들어 관리했다. 그리고 페이지별로 이름을 정하고 메뉴에서 페이지를 일목요연하게 정리했다.

학급 홈페이지에 일일이 학습 자료를 게시하는 대신 학습 자료의 링크를 걸어두면 어마어마한 양의 학습 자료를 체계적으로 관리할 수 있다. 아래에서는 홈페이지에 게시하면 좋을 자료들을 소개해 보겠다.

1. 학습지

구글 문서로 학습지를 작성하거나 예전에 만든 학습지를 구글 드라이브에 업로드한 다음, 해당 문서에 마우스 커서를 대고 마우스 오른쪽 버튼을 클릭하면 해당 문서에 대한 링크를 얻을 수 있다. 이 링크 주소를 학급 홈페이지에 게시해 두면 학생들에게 학습지를 복사해서 나눠줄 필요가 없다.

2. 시험과 퀴즈

나는 종종 구글 설문지를 이용해서 시험 문제나 퀴즈를 출제한 다음, 구글 설문지의 링크를 학급 홈페이지에 게시한다. 학생들이 시험지나 퀴즈를 다 해결하고 나면 나는 즉시 링크를 삭제하거나 응답 받기 기능을 비활성화시킨다.

3. 비디오

유튜브(혹은 SchoolTube, TeacherTube)에는 스페인어 문법을 설명하는 영상이 무척 많다. 여러분의 수업에 활용할 수 있는 영상이 있는지 직접 살펴보자. 아마 여러분은 수업에 활용할 수 있는 영상의 질과 양에 놀랄 것이다. 교사가 학급 홈페이지에 영상을 게시하면 학생들은 영상을 보며 수업 내용을 더 확실하게 이해할 수 있다. 결석생의 경우에는 학습하지 못한 부분을 보충할 수도 있다.

물론 어떤 경우에도 학습 영상이 교사의 수업을 대신할 수는 없다. 학생들의 부족한 점을 가장 잘 알고 있는 사람은 교사이다. 영상은 어디까지나 교사가 계획한 수업의 보충 자료일 뿐이라는 점을 기억하자.

4. 퀴즈렛(Quizlet) 플래시 카드

나는 온라인 플래시 카드 사이트 Quizlet.com의 열성 팬이다. 나는 짧은 시간에 퀴즈렛 플래시 카드 세트를 만든 다음, 학급 홈페이지에 링크를 게시해서 학생들이 문제를 풀 수 있도록 한다. 학생들은 링크를 통해 퀴즈렛 사이트에 들어가 플래시 카드를 넘기면서 스페인어 단어를 학습한다.

5. 학습 결과물을 담은 사진

내 학생들은 수업 시간에 수많은 자료(그림, 만화 등)를 만들어내고, 때로 학생들과 나는 힘을 모아 스페인어로 쓰인 이야기의 삽화를 그리기도 한다. 이런 자료를 사진으로 찍어 홈페이지에 게시하면 학생들은 사진을 보며 지난날 함께했던 일을 추억할 수 있고, 무엇보다 학습 내용을 되새겨볼 수 있다.

6. 학생들의 모습이 담긴 사진

학생들은 학기 중에 재미있는 학습 활동을 많이 한다. 학습 활동에 푹 빠져 있는 모습을 디지털 사진으로 남겨서 학급 홈페이지에 게시해 보자. 학생들은 금세 학급 홈페이지에 친근감을 느낄 것이고, 만약 사진이 정기적으로 게시된다면 사진을 보려고 홈페이지에 들어올 것이 분명하다.

참고로 학생들의 얼굴이 담긴 사진을 게시할 때에는 학교의 개인정보 처리 방침을 확인하고 따라야 한다.

7. 교사의 연락처

학생들에게 여러분과 간단히 소통할 수 있는 통로를 열어주고 싶은가? 그렇다면 학급 홈페이지에 여러분의 이메일 주소를 링크로 게시하라. 홈페이지에 간단한 메일 양식(Contact form)을 삽입해서 학생들이 이름과 질문을 쓴 다음 메일을 보낼 수 있도록 하는 것도 좋은 방법이다. 혹은 홈페이지에 SpeakPipe의 위젯(웹페이지에 삽입하는 조그마한 맞춤형 프로그램)을 추가해 보자. 학생들은 위젯에 자신의 목소리를 녹음해 여러분에게 음성 메일을 보낼 수 있을 것이다. 여러분은 학생들이 음성 메일을 보낼 때마다 여러분에게 알림 메일이 발송되도록 설정할 수도 있다.

8. 뉴스 서비스

RSSinclude.com과 같은 사이트를 활용해서 학급 홈페이지에 Rss 피드 위젯을 설치하는 것도 홈페이지를 활용하는 좋은 방법이다. 홈페이지에 Rss 피드 위젯을 설치하면 학생들이 여러 사이트를 방문할 필요 없이 학급 홈페이지 안에서 다양한 뉴스나 각종 기사를 선택해서 읽을 수 있을 것이고 결국 홈페이지를 즐겨찾게 될 것이다.

9. 대체 수업 계획

인디애나 주 에반즈빌에서 근무하는 세계어 교사 신시아 바삼 Cynthia Basham은 자신을 대신해 수업을 해줄 대체 교사에게 수업 계획을 전달하기 위해 동영상을 제작했다. 신시아 바삼은 컴퓨터 바탕화면에 수업 계획을 띄워놓고 수업 계획을 자세히 설명하면서 Screencast-O-Matic과 같은 디지털 도구를 활용해서 컴퓨터 화면과 자신의 목소리를 녹화했다. 바삼처럼 대체 교사를 위해 문서로 수업 계획을 작성하는 대신 수업 계획을 자세히 설명하는 영상을 만들어 대체 교사에게 건네주면 불필요한 오해나 혼선을 피할 수 있다.

10. 투표

학생들은 학급에서 자신의 의견이 수용되기를 바란다. 학급 홈페이지에 구글 설문지, Poll Everywhere, Mentimeter와 같은 투표 앱을 링크로 걸어놓거나 삽입해서 학생들의 의견을 수렴하자. 그런 다음 학생의 의견에 따라 학급의 중요한 일을 실제로 결정해 보자.

11. 교사의 이야기

학생들은 교사가 평소 어떻게 생활하는지 궁금해한다. 학급 홈페이지에 '교사에 관한' 페이지를 따로 만들어서 교사의 사진, 교사가 좋아하는 것들을 살펴볼 수 있는 링크, 교사의 성장 배경에 관한 이야기들을 게시해 보자. 학생들이 궁금해하는 이야기를 들려주면서 학생들을 놀라게 해보자.

12. 경쟁

교사는 Classbadges.com을 활용하면 학습 과제를 정하고 과제를 해결한 학생에게 줄 배지를 만들 수 있다. 학생들은 과제를 마치고 배지를 받으면서 자신이 무엇을 얼마나 공부했는지 스스로 인식하게 된다. 물론 교사는 학생들이 학급 홈페이지에서 자신의 학습 결과를 바로 확인할 수 있도록 홈페이지에 링크를 게시할 수도 있다. 프로게이머나 운동선수 같은 사람들은 배지와 같은 경쟁의 성과물을 무척 중요하게 생각하며, 이 점에서는 학생들도 다를 바가 없다. 학생들은 학습 게임에서 누가 일등을 하게 될지 궁금해하면서 쫓고 쫓기는 추격전을 벌인다.

13. 교사의 블로그

블로그를 운영하는 교사들은 수업 정보나 교실에서 일어난 재미있는 일들을 여러 사람들과 공유한다. 블로그를 만드는 방법은 조금도 어렵지 않다. Weebly.com과 같은 사이트에 가입하면 누구나 블로그를 만들 수 있다. 교사가 블로그[01]를 운영하면 실제로 학급을 운영하는 데 많은 도움이 된다. 무엇보다 학생들이 교사의 블로그를 좋아할 것이다.

---

01 http://ditchthattextbook.com/2013/03/07/6-reasons-why-im-starting-a-teacher-blog-and-why-you-should-too/

14. 학생의 블로그

교사가 블로그를 운영할 수 있다면 학생들은 분명히 더 잘할 것이다! 교사는 학생들이 블로그를 개설해서 과제를 게시하거나 자발적으로 포스트를 작성할 수 있도록 격려할 필요가 있다. 교사가 학급 홈페이지 내에 학생들이 개인적으로 사용할 수 있는 페이지를 만들어주는 것도 좋은 방법이다. 학생들이 학급 홈페이지와 관련이 없는 독립적인 블로그를 선호한다면(나는 Kid-Blog.org를 특히 좋아한다), 학생들이 스스로 블로그를 만든 다음 학급 홈페이지에 링크를 게시해서 학급 구성원들과 일상생활을 공유하게 하자.

학급 홈페이지를 개설하고 운영하는 데 반드시 엄청난 자료가 필요한 건 아니다. 나는 매년 학급 홈페이지를 개설한 뒤에 전년도에 썼던 자료를 그대로 활용하고, 학생들에게 필요한 경우에 한해서 새로운 링크나 자료를 첨가한다. 학급 홈페이지의 가장 큰 장점은 교사의 필요에 따라 활용할 수 있고 손쉽게 자료를 업데이트할 수 있다는 것이다. 일단 미약하게 시작한 후에 자신의 속도에 맞춰 자료를 늘려나가자.

20
자료를 제작하라

나는 교과서에 제시된 어휘나 학습 주제의 순서에 집착하지 않는다.
나는 학생들의 수준에 맞춰 학습 내용을 조정한다.

교과서의 위대한 점 중 한 가지는 지식을 전달하는 매개체라
는 것이다. 따라서 여러분이 위대한 교과서를 버렸다면 교과서
를 대신할 참고 자료를 마련해야 한다. 나는 여러분에게 직접 학
습 자료를 만들 것을 제안한다.

나는 교과서에 의존하지 않고 수업을 하기로 결심했던 해부
터 지금까지 주간 학습 안내서를 만들어서 학생들과 공유하고
있다. 나는 주간 학습 안내서를 통해 학생들에게 학습 내용을
전달하는 것은 물론이고 각 주별로 어떤 내용을 학습해야 하는
지를 안내한다. 이 방법에는 대단한 장점이 있다. 일단 내가 만

든 주간 학습 안내서는 학생 맞춤형이다. 나는 교과서를 버렸기 때문에 교과서에 제시된 어휘나 학습 주제의 순서에 집착하지 않는다. 나는 주에서 정한 성취 기준과 학교에서 정한 기준을 충족시키는 한에서 학생들의 수준에 맞춰 학습 내용을 조정한다. 이에 비해 기존의 교과서는 어떤가? 교과서는 마치 돌로 만들어진 듯 어느 학생 앞에서도 그 내용이 변하지 않는다.

처음에 나는 워드 프로세서로 주간 학습 안내서를 만든 다음 복사해서 학생들에게 나눠줬다. 워드 문서는 출력, 복사, 분배의 과정을 거친 후에도 내용을 수정하는 것이 가능하다는 장점이 있기 때문이었다. 학습 자료를 스스로 만들어야 한다고 해서 겁먹을 필요는 없다. 처음에는 종이와 연필만 있으면 해결할 수 있는 학습 자료를 만들어도 좋다.

어느 정도 시간이 지나고 난 후 나는 워드 프로세서 대신 교육용 구글 앱을 쓰기 시작했다. 구글 문서로 학습 안내서를 작성하고 학급 홈페이지에 링크를 게시하면 간단히 학생들과 공유할 수 있기 때문이다.

지금까지 내가 주간 학습 안내서 운운했지만, 내가 사용한 구글 문서는 온라인상에 존재하는 학습 자료에 비교하면 빙산의 일각에 불과하다. 온라인상에는 학생들에게 실질적으로 도움이 되는 학습 자료가 일일이 셀 수 없을 정도로 많이 숨어 있다. 아래에서는 수업에 바로 적용할 수 있는 아이디어들을 소개해 보겠다.

오디오 에세이

학생들이 자신의 생각을 말로 표현해서 청자를 설득하는 활동을 해보면 어떨까. 학생들에게 자신의 생각을 오디오 에세이로 표현할 기회를 주자. 듣는 이의 마음을 움직이는 능력은 직업 현장에서 요구되는 기술이기도 하다. 구글보이스의 디지털 보이스메일을 이용해서 학생들이 스스로 에세이를 녹음하게 하자.

블로그

학생들에게 온라인상에서 글을 쓸 기회를 주고 친구들과 협업하게 하라. 학생들이 각자 블로그를 운영한다면 포스트를 작성하고 친구의 포스트에 댓글을 다는 등의 활동을 할 수 있다.

나만의 모험 스토리 만들기

독자가 주요 인물에게 일어날 사건을 선택해서 읽을 수 있는 책을 본 적이 있는가? 구글 설문지를 활용하면 학생들이 기존의 이야기를 재미있게 바꾸어 쓰는 글쓰기 활동을 할 수 있다. 일단 학생들에게 이야기를 들려준 다음 학생들이 각자 색다른 결말을 쓰게 하라. 교사가 이야기의 전개 과정을 적절히 나눈 다음 학생들이 한 부분씩 맡아서 쓰게 할 수도 있다.[01] 학생들이 쓴 글에 링크를 걸어두면 독자가 사건을 선택해서 읽을 수 있는 이야기가 완성된다.

토론

토론을 인터뷰 형식으로 하면 수준이 한층 높아진다. 학생들이 토론 주제를 스스로 선택해서 친구들과 인터뷰 형식의 토론을 벌이면 어떨까? AudioBoom.com을 활용해 토론 현장의 음성을 녹음한다면 훌륭한 토론 자료를 만들 수 있을 것이다.

지구촌 여행

구글 어스에는 단순히 자신의 집이 하늘에서 보면 어떤 모습인지를 보여주는 것 이상의 훌륭한 기능이 있다. 교사와 학생들은 이름난 여행지들을 선택한 다음 학급 단위나 개인적으로 여

---

01 http://ditchthattextbook.com/2013/05/07/tech-tuesday-screencast-choose-your-own-adventure-stories/

행지를 옮겨 다니며 가상 여행을 즐길 수 있다.

미래 전망

학생들이 지금까지 배운 지식을 바탕으로 미래 사회가 과연 어떤 모습일지 교사에게 설명하는 활동을 해보면 어떨까? 학생들은 크리에이티브 커먼즈(Creative Commons)의 사진, 아이콘, 텍스트를 활용하거나 Piktochart와 같은 인포그래픽 창작 도구를 활용해서 자신이 생각하는 미래를 시각적으로 표현하는 자료를 만들 수 있다.

아트 갤러리

예술가나 예술적 소질이 뛰어난 학생이 만든 대표적인 예술 작품을 수집하기란 사실상 불가능하다. 대신 학생들은 예술 작품이 담긴 디지털 사진이나 스캔 파일 혹은 디지털 기술로 만든 가상의 예술 작품을 모은 다음, 슬라이드 쇼, 블로그 혹은 웹페이지를 통해 자신의 아트 갤러리를 여러 사람들과 공유할 수 있다.

주택 계획

Floorplanner와 같은 온라인 주택 디자인 도구를 활용하면 학생들도 주택의 평면도를 새로 디자인할 수 있다. 예를 들어 학생들은 역사적 건물의 평면도를 새롭게 디자인하고 건물의 각 부분에 재미있는 이름을 붙일 수 있다. 혹은 평면도를 디자인할 때 사용하는 도형과 선을 이용해서 자신이 읽었던 책의 내용이나 과학 실험 계획을 일목요연하게 정리하는 것도 좋은 방법이다.

인터뷰

학생들은 다양한 인터뷰를 진행할 수 있다. 예를 들면 친구에게 학급과 관련된 주제에 대해 의견을 물어보거나, 가족에게 집안의 가계도를 물어보거나, 지역 사회 전문가와 지금 연구 중인 주제에 관한 대화를 나눌 수 있다. 교사가 학생들에게 구글 행아웃, 구글 보이스 혹은 Audio Boom과 같은 무료 온라인 도구를 활용해서 인터뷰 영상이나 음성을 녹화하라고 격려한다면, 학생들은 전문 인터뷰어처럼 적극적인 자세로 인터뷰를 진행하고 녹화할 것이다.

기사 평가

학생들이 인터넷에서 다양한 기사를 읽으면서 잘못된 기사나 정확한 기사의 사례를 찾는 활동을 한다면 디지털 시민의식을 기르는 데 큰 도움이 될 것이다. 학생들에게 다양한 사례를 찾게 한 후 Smore.com이나 구글 드로잉을 활용해서 왜 해당 기사가 잘못된 혹은 정확한 판단에 기초했다고 생각하는지를 설명하게 하라.

신체감각적 학습

학생들을 의자에서 일으켜 세우자. 학생들은 자유롭게 교실을 돌아다니며 태블릿과 같은 터치 기반 디지털 기기로 사진이나 영상을 찍을 것이다. 교실 컴퓨터에 구글 크롬의 확장 프로그램인 'Move it'을 설치하면 컴퓨터 화면에 정기적으로 간단한 신체 활동이 제시돼서 학생들이 앉아만 있으려는 안 좋은 습관을 고칠 수 있을 것이다. Move it을 사용하면 교실 풍경이 달라질 뿐 아니라 학생들의 혈액 순환도 촉진되어 학급에 긍정적인 분위기가 조성된다.

영양, 운동 일지

구글 설문지와 같은 온라인 설문 조사 도구를 활용하면 학생들의 영양 섭취와 운동 주기에 대한 상당히 정확한 정보를 얻을 수 있다. 설문 조사 양식을 만들어서 학생들과 공유하자. 학생들이 응답한 정보가 자동으로 스프레드시트에 정리되고 분석될 것이다. 참고로 어떤 학생이 어떻게 응답했는지 알고 싶으면 설문 양식을 만들 때 이름을 묻는 질문을 꼭 넣자.

영상 메시지

학생들이 질문이나 제안에 대한 자신의 생각을 영상에 담은 다음, 영상 공유 사이트(유튜브, TeacherTube, Vimeo)와 영상통화 서비스(스카이프, 구글 행아웃)를 활용해서 여러 사람들과 공유하는 것도 좋은 학습 활동이 될 수 있다. 학생들이 짧은 영상을 제작해서 링크를 공유하도록 하라. 다른 학급과 교류하면서 학생들끼리 영상통화 서비스를 이용해서 영상 메시지를 공유하도록 하자.

자연에 관한 기록

디지털 사진과 영상은 날씨, 식물의 성장, 동물의 변화를 기록하기에 적합한 매체이다. 학생들로 하여금 날씨, 식물의 성장 등 자연에 관해 꾸준히 기록하게 하라. 그리고 이 디지털 자료를 웹사이트에 게시해서 사람들과 공유하게 하자. 다른 지역이나 외국의 학급과 교류하면서 날씨, 식물, 동물 등에 관한 정보를 비교해 보는 것도 좋은 방법이다.

온라인 연주회

학생들은 Audacity나 Garageband와 같은 음악 제작 도구를 이용해서 자신의 디지털 음원을 만들 수 있다. 학생들이 만든 음악을 AudioBoom.com 같은 오디오 사이트에 게시해서 전 세계의 청취자들에게 들려줄 수 있다.

공유된 프레젠테이션

구글 슬라이드의 슬라이드쇼나 마이크로소프트 365의 파워포인트를 학생들과 공유하자. 협력 학습이 원활하게 이루어지도록 학생들에게 슬라이드를 적절히 분배하고 학급과 관련된 내용을 작성하게 하라. 단 몇 분 만에 학생들은 유익하고 기억에 남을 프레젠테이션 자료를 만들어낼 것이다.

QR 코드

지금까지 우리는 이 사이키델릭한 바코드를 디지털 기기로 찍어서 간편하게 웹사이트를 찾아가는 용도로 사용했는데, 요즘 학생들의 경우에는 링크로 연결되어 있는 콘텐츠를 확인하거나 간단한 메시지도 확인할 수 있다. 무료 온라인 도구로 QR코드를 만들어보자. 검색 사이트에서 'QR코드 만들기'를 검색하면 된다. 학생들이 QR코드의 편리함을 느낄 수 있도록 학생들이 잘 볼 수 있는 곳에 QR코드를 붙여놓자. 그리고 QR코드를 사용해서 새로운 정보를 친구들에게 제공해 보라고 학생들을 격려하라.

랩, 노래 그리고 챈트(Chant)

가끔 몇 년 전에 가르쳤던 제자들이 교실에 찾아와서 스페인어 수업 시간에 음악과 함께 외웠던 국가 이름, 수도, 요일 이름을 그대로 암송하고는 하는데, 이것만 봐도 단어를 외울 때 단어에 음악이나 비트를 덧붙이면 기억력이 향상된다는 것을 알 수 있다. 학생들이 Wevideo.com, Audacity.com, AudioBoom.com과 같은 영상, 음원 제작 사이트를 활용해서 재미있고 효과적으로 단어를 외울 수 있는 자료를 만드는 것은 어떨까? 학생들이 만든 자료가 널리 공유된다면 많은 학생들에게 도움을 줄 수 있을 것이다.

스크린캐스트 영상

컴퓨터 화면을 그대로 보여주는 스크린캐스트 영상은 누구나 손쉽게 제작할 수 있다. 교사뿐 아니라 학생들도 스크린캐스트 영상을 활용해서 수업 내용 중 핵심적인 개념이나 과제의 진행 과정을 효과적으로 설명할 수 있다. 만약 학생들이 만든 스크린캐스트 영상을 같은 학교에 다니는 친구들, 교사, 그 밖의 많은 사람들과 공유한다면 유익한 피드백을 받을 수 있을 것이다.

토크쇼

매력적인 방식으로 수업 내용을 설명하거나 제시하고 싶은가? 요즘 팟캐스트로 불리는 토크쇼를 교사가 직접 만들어보는 것은 어떨까? 학생들이 발표한 내용을 녹음하고 편집해서 토크쇼를 제작하는 것도 좋은 방법이다. 교사가 만든 토크쇼에는 어떤 장점이 있을까? 휴대용 기기만 있으면 언제 어디서든 들을 수 있다는 점과 토크쇼를 통해 학습 내용이 쉽게 이해된다는 점이다. 요즘 유행하는 팟캐스트를 한 번 들어보자. 팟캐스트 진행자들은 어려운 주제도 재미있고 창의적인 방식으로 설명한다. AudioBoom.com과 같은 온라인 음원 도구를 활용해서 팟캐스트의 특정 부분만 녹음해서 공유하는 것도 좋은 방법이다.

간단하게 만들 수 있는 애니메이션 영상

PowToon.com과 같은 사이트를 활용하면 교사와 학생들 모두 손쉽게 애니메이션 영상이나 다양한 도형과 글자가 움직이고 음악이 흘러나오는 매력적이고 재미있는 영상을 제작할 수 있다. 교사가 수업의 핵심 내용을 전달하거나 이전과는 다른 방식으로 학생들을 가르치려고 할 때 애니메이션 영상을 활용하면 특히 효과가 좋다.

그림과 도식을 활용한 노트 정리

온라인 그림 도구(Pixlr.com, 구글 드로잉) 혹은 터치 기반 기기에서 활용할 수 있는 아트 앱(페이퍼 혹은 화이트보드 앱)을 활용하면 누구나 아이디어를 그림으로 표현하고 도식화할 수 있다. 그림 우월성 효과(The Picture Superiority Effect)에 따르면 아무리 못 그린 그림일지라도 단어보다 정보를 이해하고 기억하는 데 효과가 크다고 한다. 이 그림 우월성 효과를 수업에 적용해 보자. 수업에 적용할 수 있는 도식 조직 방법에 대해 궁금하다면 나의 블로그 포스트를 참고하라. 포스트 제목은 '구글 드로잉을 활용한 열다섯 가지 도식 조직 방법'[02]이다.

화이트보드 애니메이션 영상

화이트보드에 열심히 그림을 그리는 모습이 흘러나오는 이 매력적인 영상은 제작하기가 무척 쉽다. 일단 화이트보드에 그림을 그리는 모습을 촬영한 다음, 비디오 편집 프로그램을 활용해 영상의 속도를 높이고 마지막에 음성을 삽입하면 된다. 화이트보드 애니메이션 영상은 학습 내용을 전달할 때 효과적으로 쓰인다.

'끝내주는' 영화 포스터

학생들이 지금까지 내가 언급한 그림, 영상 제작 도구를 활용해서 영화 포스터를 만들고 그림과 제목 그리고 태그라인을 덧붙이면 어떤 결과물이 나올까? 포스터에 QR코드를 삽입하거나 Aurasma 앱의 Auras(즉, 스마트폰과 같은 기기로 사진을 비췄을 때 사진 위로 떠오르는 영상이나 이미지)를 추가하면 끝내주는 영화 포스터가 완성된다.

---

02 http://ditchthattextbook.com/2015/02/19/15-free-google-drawings-graphic-organigers-and-how-to-make-your-own/

어린 저자

학생들은 만화 제작 도구(MakeBeliefsComix.com, Pixton.com)나 디지털 스토리텔링 도구(StoryBird.com)같은 출판 플랫폼을 통해 저자로서의 역량을 키울 수 있다. 학생들은 스스로 전자책을 만든 다음, Amazon이나 Barnes & Noble과 같은 온라인 서점 사이트에서 자신의 이름을 내건 책을 판매할 수도 있다.

얼굴만 등장하는 재미있는 영상

Chatterpix 앱이나 Voki.com을 활용하면 아바타가 재미있는 목소리로 학습 내용을 소개하는 영상을 제작할 수 있다. 예를 들어 아브라함 링컨의 사진을 업로드한 뒤 링컨이 자신의 의견을 말하는 영상을 제작해 보면 어떨까. 역사 수업을 할 때 학생들에게 과연 링컨이라면 요즘 사회적 문제에 대해 어떤 말을 했을지 생각해 보게 하자. Voki.com에 들어가 링컨의 머리 스타일을 우스꽝스럽게 바꾸고 다양한 소품을 덧붙인 다음, 재미를 위해 그의 목소리를 흉내 내서 말해 보게 하자.

온라인에서 제작한 학습 자료의 중요한 특징 한 가지는 필요에 따라 공유할 수 있다는 것이다. 이에 반해 전통적인 방식(종이, 포스터보드, 칠판 등)으로 만들어진 자료는 교실 안에서 묵혀지

는 것이 대부분이다. 디지털 방식으로 아이디어를 표현하면 손
쉽게 전 세계 사람들과 아이디어를 공유할 수 있으며 여러분도
전 세계 사람들에게 도움을 줄 수 있다.

21
읽고, 쓰고, 공유하라

학생들은 자신이 쓴 글들을 읽어보며
"난 이 수업에서 아무 것도 배운 것이 없어"라는 생각을 버리게 된다.

내 학생들은 트윗을 작성하고 인스타그램으로 사진 공유하는 걸 좋아한다. 학생들은 디지털 협업 전문가로서 요즘 유튜브나 Vine에서 화제가 되는 영상을 훤히 꿰고 있다. 학생들은 가끔 소셜 미디어에서 관심이 있는 주제에 대해 몇 시간씩 토론을 벌이기도 한다. 이처럼 요즘 학생들은 온라인 세상에서 살고 있다. 나는 학생들을 가르치는 교사로서 내가 만든 학습 자료가 학생들이 즐겨 찾는 온라인 세상의 일부분이 되기를 바란다.

지금 되돌아보면 나는 온라인 세상의 일원이 되기까지 꽤나 애를 먹었다. 나는 주로 학생들의 블로그를 방문해서 댓글을 주고받으며 조금씩 온라인 세상에 녹아들었다. 그 과정에서 나는 블로그가 수많은 사람들과 상호작용이 가능한 매체라는 것을 알게 됐다. 실제로 학생들은 블로그라는 웹상의 개인적 공간에서 포스트를 발행하고 많은 사람들과 댓글을 주고받으며 의견을 교환한다. 블로그는 전 세계 사람들을 독자로 끌어들일 수 있는 효과적인 글쓰기 매체이다. 블로그가 일반화되기 전에 학생들은 어떤 독자를 위해 글을 썼을까? 이전의 학생들은 단 한 명의 독자, 즉 교사를 위해서 글을 썼다. 학생들은 작문 과제로 글을 쓰고 나면 채점을 받기 위해 교사의 과제 바구니에 과제물을 넣었다. 학생의 글은 단 한 사람, 즉 교사가 읽어보고 빨간 펜으로 교정을 마친 뒤 학생에게 되돌아갔다. 같은 교실에서 공부하는 학생들끼리 글을 돌려본다고 하더라도 독자의 범위는 교실을 넘어갈 수 없었다.

요즘에는 블로그를 비롯한 다양한 온라인 글쓰기 매체를 활용해서 누구나 글을 쓰고 독자들과 상호작용할 수 있다. 이제 학생들이 쓴 글을 교사의 책상에만 놓아둘 필요가 없어졌다. 학생들은 친구들이 쓴 블로그 게시물을 읽고 댓글을 달아 자신의 의견을 표현할 수 있으며 댓글을 이어 달며 토론을 벌일 수도 있다. 그러나 이것은 시작에 불과하다. 학생들이 블로그를 공개적으로 운영한다면 수백 만 명의 독자를 끌어모을 수도 있다. 한 예로 Social media and Comments 4 kids[01]는 학생들이 블로그에 쓴 글을 전 세계 사람들에게 소개하고 활발한 상호작용을 도모하고 있다.

여기서 이런 질문이 제기될 법하다. 학생들이 전 세계 독자를 향해 글을 쓴다고 하지만, 과연 학생들이 글을 잘 쓸 수 있을까? 나는 학생들이 블로그에 글을 쓰는 것이 초등학생들이 수많은 관객 앞에서 크리스마스 기념 공연을 하는 것과 유사한 면이 많다고 생각한다. 초등학생들은 공연을 준비하면서 빈둥거리거나 산만한 모습을 보이기도 한다. 그러나 공연 당일에 학생들을 수많은 관객 앞에 세워보라. 학생들은 온 힘을 다해 자신이 맡은 몫을 다할 것이다.

학생들이 블로그에 글을 쓰고 독자들과 상호작용하는 것은 디지털 기술을 활용하지 않으면 불가능한 일이다. 따라서 블로그 글쓰기 활동은 디지털 기술 활용을 위한 SAMR 모델에서 마지막 단계인 R, 즉 재정립(Redefinition) 단계에 해당한다(10장 참고). 학생들이 쓴 글을 외국의 수백 만 독자들이 읽었을 때 무슨

---

01 http://comments4kids.blogspot.com/

일이 일어날지 상상해 보자.

디지털 기술을 활용할 수 없는 상황에서 학생들이 외국의 독자들에게 자신의 글을 보여주려면 어떻게 해야 할까? 부족한 기술력을 활용한다면 연필로 글을 쓰고, 복사를 하고(사실 여기에는 약간의 기술력이 필요하다), 전 세계 곳곳에 수천 통의 편지를 부쳐야 할 것이다. 그러려면 편지지를 수도 없이 접고, 봉투에 풀칠을 하고, 우표를 사는 데 수천 달러까지는 아니더라도 수백 달러는 족히 써야 한다. 이에 비해 블로그는 운영하는 데에 돈이 들지 않고 포스트를 작성하자마자 누구나 즉시 읽어볼 수 있다.

위와 같은 이유로 우리가 수업 시간에 블로그를 활용하게 되었다고 해보자. 학생들은 블로그에 어떤 글을 써야 할까? 학생마다 생각이 다르기 때문에 글의 주제는 달라질 수밖에 없다. 아래에서는 블로그에 글을 쓸 때 몇 가지 참고할 만한 사항을 설명해 보겠다.

학급과 관련된 다양한 주제에 대해 써라

만약 교사가 글쓰기 주제를 교과에 관련된 것으로 제한한다면 학생들은 교사가 기대했던 것만큼 활발히 상호작용을 하지는 않을 것이다. 그러므로 교사는 학생들이 학급과 관련된 주제로 블로그에 글을 쓰도록 격려하는 것이 바람직하다. 학생들은 게시물에 댓글을 달며 활발히 토론을 벌일 것이다. 그리고 자신이 1년 동안 속해 있는 학급을 주제로 다양한 글을 쓰면서 자신의 학교생활과 기억에 남는 일, 또 학급에 속하지 않았다면 겪지 않았을 여러 일들에 대해 되돌아보는 시간을 갖게 될 것이다.

누구나 알고 있는 주제가 좋다

학생들이 블로그 포스트에 일주일 동안 자신이 배운 내용을 간단히 정리하면서 학습 과정을 되돌아보는 시간을 갖는다면 어떨까? 블로그에 글을 쓸 때 모든 교과목을 다룰 것이냐 아니면 한 과목만 다룰 것이냐 하는 것은 학생이 선택하는 편이 좋다.

학생들의 세계에서 글감을 찾아라

교사는 가급적 자주 학생들의 세계에 들어가서 소통해야 한다. 학생과 소통하다 보면 자연스럽게 학생의 관심사가 무엇인지 알게 되기 때문이다. 학생들은 자신이 좋아하는 분야에 대해 꾸준히 글을 쓰다가 자신이 평생 매진할 분야를 발견하게 될 수도 있다. 이 점에서 교사는 학생들이 쉬는 시간에 나누는 대화(팝 문화, 음악, 스포츠 등등)에 귀를 기울였다가 학생들이 방금 말한 주제, 즉 관심 있는 분야에 대해 글을 쓰게 하는 편이 좋다. 혹은 수업 시간에 다루는 소설 속 두 인물의 관계를 파악하게 한 뒤 이와 유사한 학생 자신의 인간관계에 대해 글을 쓰게 하자.

스스로 주제를 선택하게 하라

학생들에게 제안하는 글을 써보게 하자. 아마 교사는 학생들이 자신의 경험에서 우러나온 독창적인 글을 쓰는 모습에 놀라게 될 것이다.

일단 주제가 정해지면 학생은 소매를 걷어붙이고 글을 써야한다. 아래에서는 학생들이 블로그 포스트를 작성하는 데 도움이 될 만한 팁을 소개해 보겠다.

협력하여 글쓰기

교사는 학생들이 댓글을 주고받는 관계에 머무르지 않고 블로그 포스트를 작성하면서 보다 친밀한 관계를 맺도록 격려해야 한다. 블로그 포스트에 친구와의 Q&A 인터뷰 내용을 쓰게 하거나 블로그에서 학생들이 관심을 가질 만한 투표를 진행하게 하는 것도 좋은 방법이다. 학생들을 둘씩 짝지어 블로그 포스트를 작성하도록 과제를 내주면 학생들은 의견을 교환하며 협력해서 글을 쓸 것이다. 학생들이 친구와 협력해서 글을 쓴다면 일단 컴퓨터 화면에 깜박이는 커서가 덜 두렵게 느껴질 것이다.

출처를 밝혀라

교사는 학생들에게 포스트를 쓸 때에는 반드시 출처를 밝히라고 처음부터 일러줘야 한다. 웹 페이지로 연결되는 링크를 만들게 하라. 책 본문을 참고했다면 인용하게 하자. 친구의 의견을 그대로 인용할 때는 따옴표를 쓰게 하라. 전문적인 블로거들은 모두 이렇게 한다. 학생들이라고 이렇게 하지 않을 이유가 있는가?

가독성을 키워라

훌륭한 교육 블로그는 삶의 여러 모습에서부터 학교생활에 이르기까지 다양한 주제를 다룬다. 인터넷에 올라온 글들은 주의 집중 시간이 짧은 사람들을 고려해서 작성된 경우가 많다. 훌륭한 블로거는 쉴 새 없이 쏟아지는 광고 창에 자신의 글이 묻

혀버릴 수 있다는 걸 잘 알고 있다. 그래서 블로거들은 독자의 눈길을 사로잡는 도입부를 쓰려고 노력한다. 즉, 첫 문단에서 '글의 요지'를 명확히 밝히는 것이다. 뿐만 아니라 블로거들은 글의 중간중간에 글머리 기호와 주요 사항들로 핵심적인 내용을 요약하고, 간결한 문장으로 짧은 문단을 쓰고, 글의 결론 부분에는 질문을 쓰는 등 글쓰기의 일반적인 규칙을 충실히 따른다. 물론 여러분이 학생들에게 이런 방식의 글쓰기를 권하고 싶지 않다면 아무 문제될 것이 없다.

어떤 교사는 블로그를 학생들이 에세이를 쓰는 데 활용하도록 지도한다. 또 어떤 교사는 블로그 포스트와 댓글을 핸드폰 문자메시지 정도의 길이로 쓰게 하면서 학생들이 활발한 디지털 대화를 나누도록 격려한다. 이처럼 교사는 자신이 원하는 대로 블로그를 활용할 수 있다.

교실 밖 블로거 활동을 장려하라

교사가 학급에 블로그 문화를 조성해서 학생들이 교실 밖에서도 블로거로서 활동을 하고 싶도록 만드는 것은 매우 중요하다. 만약 학생들이 자신의 블로그에 애착을 가지고 있다면 교실 밖에서도 꾸준히 훌륭한 자료를 게시하고 포스트를 쓰려고 할 것이다. 블로그를 활용한 꾸준한 글쓰기야말로 교과서를 버린 교사가 이루고자 했던 목적이 아니겠는가. 학생들이 방과 후에 블로그 포스트를 작성했을 때 교사가 적절한 보상(학급에서 상점을 주거나, 특권을 주거나, 블로그 포스트를 대상으로 재미있는 투표나 게임을 하라)을 해준다면 학생들은 계속해서 블로그에 글을 쓰려고 할 것이다. 교사가 요새 학생들이 관심을 가질 만한 이벤트(현장체험학습과 같은 특별한 학교 행사나 뉴스 등등)를 주제로 블로그 포스트를 쓰게 하는 것도 교실 밖 블로거 활동을 장려하는 좋은 방법이다.

학생들에게 충분한 시간을 보장하라

교사가 학생들에게 블로그에 글을 쓰고 댓글을 달라고 재촉하면 할수록 글과 댓글의 내용은 빈약해지기 마련이다. 블로거로서 나는 포스트를 작성하기 적어도 며칠 전부터는 다양한 아이디어를 떠올려야 좋은 글을 쓸 수 있다는 사실을 익히 알고 있다. 글을 쓸 때 나는 의자에 앉아 아이디어를 짜내려고 의식적으로 애를 쓰지 않는다. 교사가 시간적 여유를 보장해야 학생들도 블로그에 좋은 글을 쓰고 댓글다운 댓글을 남길 수 있다.

깨끗한 글쓰기를 강조하라

일반적으로 블로거들은 포스트를 작성할 때 휴대폰으로 문자메시지를 쓸 때처럼 글을 쓰지 않는다. 만약 여러분이 이 점을 학생들에게 충분히 알려주지 않으면 몇몇 학생들은 문자메시지를 쓰듯 블로그에 글을 쓸 것이다. 학생들이 맞춤법, 문법, 글의 전개를 염두에 두고 글을 써야 독자의 신뢰감을 얻을 수 있다.

사소한 것에 집착하지 마라

지금까지 나는 학생들이 블로그에 쓴 글을 읽을 때마다 철자가 틀린 단어나 문법이 틀린 문장을 수정하고 싶은 욕구를 참으려고 무던히 애를 썼다. 외국어를 가르칠 때(다른 교과를 가르칠 때도 마찬가지지만) 교사는 학생들이 자신의 생각을 발전시켜 글을 쓰도록 독려하기보다는 빨간색 펜으로 학생들이 저지른 실수를 교정하는 데 힘을 쏟는 우를 범하기 쉽다. 실제로 블로그를 찾는 많은 사람들은 글에서 문법적 실수를 발견하더라도 크게 개의치 않는다. 또한 만약 교사가 쉴 새 없이 학생의 글에 비판을 쏟아낸다면, 아마 학생들은 블로그에 글을 쓸 때 반드시 필요한 창의성이나 자기주도성을 잃어버리고 말 것이다. 만약 교사가 학생의 글에서 맞춤법이나 문법적 오류를 발견한다면 성급히 교정해 주지 말고, 개인적으로 학생의 실수를 교정해 줄 방법은 없는지 고민하는 편이 바람직하다.

학생들이 포스트를 작성하고 나면 이제 모든 것이 끝났다. 그런가? 절대로 아니다. 이제 디지털 대화가 시작될 시점이다. 아래에서는 학생들이 포스트 발행 버튼을 클릭하고 나서 할 수 있는 활동들을 소개해 보겠다.

훌륭한 댓글을 쓰게 하라

신중하게 생각하고 쓴 댓글은 온라인 세상에서 보석처럼 빛을 발하며 온라인 대화의 가치를 높여준다. 우리는 훌륭한 댓글을 통해 본문에서 볼 수 없는 아이디어나 정보를 보충하고, 개인적인 경험을 공유하고, 참고하면 좋을 웹사이트나 인용구를 알게 되고, 날카로운 질문을 제기하기도 한다. 안타깝게도 나이가 어린 학생들은 훌륭한 댓글을 잘 쓰지 못한다. 교사가 학생에게 훌륭한 댓글에 관한 교육을 따로 하지 않으면, 학생들은 별 의미 없는 댓글, 한 단어로 된 댓글, 심한 경우에는 'ㅎ'과 같은 한 자음으로 된 댓글을 쓸지도 모른다.

댓글에 대한 관점을 결정하라

교사는 학생의 블로그에 달리는 댓글을 크게 두 가지 관점에서 파악할 수 있다. 바로 양적 관점과 질적 관점이다. 양적 관점은 '45자 정도 되는 댓글을 세 개 써야 한다'처럼 측정 가능한 요구 사항으로 표현될 수 있다. 교사가 양적 관점에 입각해서 학생들을 지도하면 학생들은 댓글을 얼마나 써야 하는지 명확히 알 수 있고 교사는 학생들이 쓴 댓글을 평가하기가 용이하다. 그러나 이런 지도 방식은 학생에게 "나는 꼭 해야 한다"는 식의 압박감을 심어줄 수 있기 때문에 자유롭고 창의적인 온라인 대화를 이끌어내지 못한다는 단점이 있다.

반면 질적 관점은 댓글의 양보다 질을 더 중요하게 생각하는 입장이다. 질적 관점에 입각한 교사는 학생들에게 어떻게 댓글을 써야 하는지 예를 들어 알려줄 수는 있지만 댓글을 몇 단어로 써야 하는지에 대해서는 제한을 두지 않는다. 교사가 질적 관점을 강조하면 일부 학생들은 댓글을 쓸 때 꼭 지켜야 할 댓글의 양이 정해지지 않았다는 점을 굳이 댓글을 쓰지 않아도 된다는 뜻으로 파악하고, 댓글을 쓰는 일에 별 관심을 보이지 않게 될 것이다. 결국 교사가 양적 관점과 질적 관점을 적절히 조화시켜 학생들을 지도해야 댓글을 통한 원활한 대화를 이끌어낼 수 있을 것이다.

예의를 갖춰라

학생들은 온라인 대화를 할 때 상대방과 직접 얼굴을 마주 대하지 않기 때문에 자신이 쓴 글을 실제 사람들(친구 등)이 읽게 된다는 사실을 종종 잊어버리곤 한다. 교사가 네티켓을 강조하지 않으면 학생들은 뻔뻔한 태도로 거친 말을 아무렇지도 않게 쓰는 등 예의를 갖춰 글을 써야 한다는 사실을 잊어버릴 수도 있다.

훌륭한 글을 쓴 학생과는 손바닥을 마주쳐라

학생들이 블로그에 좋은 글을 쓰거나 훌륭한 댓글을 남기면 블로그 이외의 공간에서 그 학생을 칭찬하는 것이 좋다. 학생들이 쓴 글을 다른 학생들 앞에서 언급하거나 학급 게시판에 붙여놓거나 학급 홈페이지에 올리거나 학교 뉴스레터에 게시하자.

개인 정보를 공개할지 결정하라

지금까지 내가 개최했던 회의에서 가장 뜨거웠던 토론 주제는 학생의 블로그를 모든 사람이 볼 수 있도록 공개적으로 운영하게 할 것이냐 아니면 비공개로 운영하게 할 것이냐 하는 것이었다. 학생들이 블로그를 모두에게 공개한다면 전 세계 사람들을 독자로 삼을 수는 있지만 불쾌한 일, 위험한 일을 당할 수도 있다. 일반적으로 학생들은 교실 밖 사람들이 남긴 댓글을 빠뜨리지 않고 읽기 때문이다.

다행히도 교사가 학생들로 하여금 블로그를 공개적으로 운영하게 하면서 학생들을 안전하게 보호할 방법이 있다. 바로 트위터에 학생의 블로그 포스트로 연결되는 링크를 걸어두고 #comments4kids를 덧붙이는 것이다. 또한 학교의 페이스북 페이지에 학생의 블로그 포스트로 연결되는 링크를 게시하거나 학부모에게 보내는 학교 이메일 뉴스레터에 링크를 첨부할 수도 있다. 학생들을 악성 댓글이나 기타 위험한 일로부터 보호하는 한 가지 확실한 방법은 교사가 블로그 관리자가 되어 모든 댓글을 승인한 후에 학생들이 댓글을 볼 수 있게 하는 것이다.

경제적 장벽을 무너뜨려라

우리 주변에는 경제적 사정으로 인터넷을 사용하지 못해 어려움을 겪는 학생들이 있다. 내가 가르치고 있는 시골 학교의 학생들 중에도 집에서 인터넷을 사용하지 못하는 학생들이 많다. 교사는 경제적으로 어려움을 겪는 학생들이 학교에서라도 인터넷을 사용(예를 들면 자습 시간, 도서관 시간, 컴퓨터 시간, 방과 전이나 후에 컴퓨터를 사용하게 하는 것)할 수 있도록 배려함으로써 학생들이 제 힘으로 넘지 못하는 경제적 장벽을 조금이나마 무너뜨릴 필요가 있다. 물론 해당 학생들이 공공 도서관이나 친구 집과 같은 장소에서 인터넷을 이용할 수 있다면 인터넷 사용 능력을 신장시키는 데 조금이라도 도움이 될 것이다.

지금까지 작성한 포스트를 활용해서 새로운 결과물을 만들어내라

한 해를 마무리할 즈음, 학생들이 지금까지 작성한 포스트를 활용해서 새로운 작품을 만들어내면 어떨까? 학생들이 지금까지 작성했던 포스트를 모두 출력해서 책으로 제본하거나 PDF 형식의 전자책을 만드는 것도 한 가지 방법이 될 수 있다. 아니면 Weebly.com의 블로그에 쓴 글들을 모아서 보기 좋게 편집하거나 지금까지 쓴 포스트나 댓글 중에서 TOP 10만을 뽑아 편집하는 것도 좋은 방법이다.

자신이 쓴 글을 읽어보고 지난 1년을 되돌아보게 하라

학생들은 1년 동안 자신이 쓴 글을 다시 읽어볼 때 자신이 글쓴이로서, 학생으로서, 한 사람으로서 얼마나 성장했는지 깨닫게 된다. 학생들은 자신이 걸어온 길을 되돌아볼 때 많은 것을 느끼기 마련이다. 학생들은 1년이 끝나갈 무렵이면 "난 수업 시간에 아무것도 배운 것이 없어"라는 생각을 종종 하는데, 이것은 자신이 걸어온 길을 되돌아보지 않았기 때문이다. 학생들이 지난 1년 동안 자신이 쓴 글들을 훑어본다면 그동안 얼마나 많은 것을 배웠는지 알게 될 것이다.

학생들의 학습 성과물을 저장할 홈페이지를 마련하라

예전에 나는 채점을 마친 과제를 학생들에게 되돌려줄 때마다 극심한 스트레스에 시달렸다. 학생들이 내가 채점한 과제물을 보는 둥 마는 둥 하고 교실 밖으로 나가자마자 쓰레기통에 던져버리는 모습을 지켜보기가 괴로웠다. 때로 학생들의 과제가 복도에 널브러져 있거나 캐비닛 밑 틈을 통해 삐죽 튀어나와 있는 모습을 보기도 했다. 그러나 이제는 이런 스트레스에서 해방되었다. 학생들의 과제물을 모아 홈페이지에 게시하면 포트폴리오처럼 관리하기도 쉽고 학생들에게도 보여주기에도 간편하다.

학생들은 자신의 생각과 학습 성과물을 온라인상에서 공유하면서 많은 사람들로부터 다양한 피드백을 받는다. 이 과정에서 세상을 바라보는 폭넓은 시각을 형성하고 다른 문화권의 특징을 이해하게 된다. 학생들이 온라인상에서 꾸준히 토론하고 학습한다면 결국 우수한 글로벌 시민으로 거듭나게 될 것이 분명하다.

22
세계로 발돋움하라

교사가 수업 시간에 인터넷을 활용함으로써 얻을 수 있는 가장 큰 이점은
전 세계 사람들과 상호작용을 할 수 있다는 것이다.

여러분은 펜팔 편지를 받았을 때의 느낌을 기억하는가? 마치
다른 세상에서 튀어나온 미지의 대상과 조우한 듯 온몸에 전기
가 흐르는 그 느낌 말이다. 지금도 학생들은 우푯값만 지불하면
새로운 세상의 사람들과 소통할 수 있다. 학생들은 펜팔 편지를
주고받으며 색다른 문화를 배우고 편지를 통해서가 아니면 체
험하지 못 할 여러 나라를 간접 체험할 수 있다.

그럼에도 불구하고 펜팔에는 단점이 있다. 학생들은 갑자기
답장을 받지 못하거나 아니면 펜팔에 싫증을 느낄지도 모른다.
내 생각에 펜팔의 치명적 단점은 '펜'이라는 도구에 있다. 펜으

로 글을 써서 편지를 주고받을 경우에는 하는 수 없이 편지가 도착할 때까지 느긋하게 기다려야 하는데, 대부분의 사람들이 인내심에 한계를 느껴 도중에 펜팔을 포기하는 것이다.

이제는 무엇인가를 느긋하게 기다리고 있을 이유가 없다. 인터넷이 연결되어 있고 디지털 기기가 준비되어 있다면 우리는 손가락만 움직여도 전 세계 사람들과 대화나 협업을 할 수 있다. 우리는 누구든 마음만 먹으면 전 세계 사람들과 영상통화, 채팅, 음성 메시지, 영상 메시지, 공유 문서 등 다양한 방법으로 상호작용이 가능한 세상에서 살고 있는 것이다. 학생들은 인터넷이라는 특급 좌석에 앉아 전 세계를 두루 살펴보며 지리, 과학 그리고 언어 수업 시간에 배운 여러 사실들을 실제로 확인할 수 있게 되었다.

교사가 수업 시간에 인터넷을 활용함으로써 얻을 수 있는 가장 큰 이점은 전 세계 사람들과 상호작용을 할 수 있다는 것이다. 실제로 내가 가르치는 스페인어3 학급의 학생들은 다른 나라 학생들과 영상통화로 교류하는 소중한 경험을 했다. 지금부터 스카이프를 활용한 영상통화 수업에 대해 이야기해 보겠다.

나는 스페인 발렌시아에서 영어를 가르치는 교사와 학급 대학급으로 수업을 진행하기로 뜻을 모으고 몇 주에 걸쳐 수업을 준비했다. 영상통화로 수업을 하기로 한 날, 나는 학생들에게 별다른 말을 해주지 않고 학생들을 강당으로 데리고 갔다. 강당에 들어간 학생들은 눈앞에 펼쳐진 모습에 당황한 기색을 감추지 못했다. 그리고 정말 멋진 경험을 했다.

나는 학생들에게 수업의 진행 과정을 간단하게 설명하는 것으로 Mystery Location Call 수업 준비를 마쳤다. 이 수업에서 두 학급의 학생들은 스카이프, 구글 행아웃, 페이스타임과 같은 영상통화 서비스를 활용해 만나게 된다. 학급 학생들은 상대 학급의 학생들이 다른 나라에 살고 있다는 것을 제외하면 지역적 정보에 대해서는 전혀 모르는 상태여야 한다. 이 활동의 목적은 상대편 학생들이 사는 지역을 알아내는 것이다. 내 학생들은 생전 처음 보는 학생들과 영상통화를 하며 흥분과 짜릿함을 만끽했다. 학생들은 '예' 혹은 '아니오'로 대답할 수 있는 닫힌 질문을 주고받았다. 내 학생들은 스페인어로 질문했고 스페인에 사는 학생들은 영어로 질문했다. 스무고개와 배틀쉽(Battleship) 게임[01]이 동시에 진행된다고 생각하면 Mystery Location Call 활동을 이해하기 쉬울 것이다.

---

01 질문을 주고받으며 상대편 배의 위치를 먼저 알아내면 이기는 보드 게임이다.

학생들이 이 수업에 적극적으로 참여하려면 모든 학생들이 구체적인 역할을 맡아야 한다. 몇몇 학생들이 카메라를 향해 질문하고 질문에 대답할 때 다른 학생들은 상대편 학생이 준 힌트를 참고해서 지도를 살펴보고, 지역의 범위를 줄이고, 최종적으로 상대편 학급의 위치를 결정해야 한다. 이 수업은 상대편의 위치를 가늠한 후에 끝날 수도 있지만 학생들이 원한다면 대화를 더 이어갈 수 있다. 예를 들어 학생들은 상대편 학생들이 사는 나라의 지리나 일상생활에 대해 궁금한 것이 있으면 추가적인 질문과 답변을 주고받을 수 있다.

이 수업을 통해 내 학생들은 스페인 학생들과 함께 학습하는 멋진 경험을 했다. 그러나 이게 다가 아니었다. 학생들 앞에는 더 멋진 일이 기다리고 있었다. 내 학생들은 매주 스페인 학생들과 영상통화를 하며 미리 정해진 주제나 자신이 정한 주제에 대해 질문하고 답변하는 활동을 계속했다. 학생들은 구글 문서를 활용해서 일주일 내내 협업을 하기도 했다. 한 학생은 구글 문서를 열었다가 스페인 학생이 작업하는 내용이 문서에 실시간으로 표시되는 모습을 목격하기도 했다. 수천 킬로미터 떨어진 두 학생이 디지털 문서에 아이디어를 적는 순간을 공유한 것이다. 이러한 협력 학습은 디지털 기술을 활용하지 않았다면 절대로 불가능했을 것이다.

이 협력 학습에서 가장 유익했던 부분은 뭐니 뭐니 해도 학생들의 자유로운 의사소통이었다. 처음에 학생들이 영상통화를 시작했을 때는 사소한 기술적 결함과 처음 보는 사람과 외국어로 대화를 나눌 때의 어색함 때문에 어려움을 겪었던 것도 사실이다. 그러나 첫 주가 지나고 나서 학생들은 점차 돈독한 관계를 맺기 시작했다. 짝이 된 학생들은 매주 영상통화를 한 덕분에 점차 서로에 대해 많은 것을 알게 되었다. 나는 학생들이 어느새 친구가 되어 키득거리고 대화를 나누는 모습을 보면서 이 수업을 계획하고 실천한 보람을 느꼈다.

겨울의 어느 날, 그 주에는 눈이 많이 내렸는데 내 학생 중 몇몇이 스페인 친구들에게 세상이 하얗게 눈으로 뒤덮인 사진을 보여줬다. 발렌시아에 사는 학생들은 눈을 볼 일이 별로 없고, 특히 내 학생들이 사는 인디애나에 찾아오는 살벌한 겨울의 폭설은 더더욱 볼 일이 없다. 스페인 학생들의 반응이 어떠했을지 상상이 가는가.

누군가는 내가 언급한 학생들의 웃음, 대화, 눈 따위가 자아내는 '사소함'을 지목하며 교육적이지 못하다고 비판할지도 모르지만, 나는 그렇게 생각하지 않는다. 나는 내 학생들이 스페인 학생들과 교류한 덕분에 인디애나의 옥수수 밭 한복판에서는 배우기 힘든 소중한 교훈을 배웠다고 생각한다. 사람은 어디에 사는가와 상관없이 결국 똑같다는 것이다. 실제로 내 학생들은 스페인에 사는 십 대 청소년들도 자신과 좋아하는 것이 똑같다는 걸 깨달았다. 스페인 학생들도 웃긴 걸 좋아하고, 멋있어 보이려고 노력하고, 친구들 사이에서 인기를 끌고 싶어 한다. 내 학생들과 스페인 학생들은 사용하는 언어가 다르지만 언어의 장벽을 뛰어넘으려는 노력을 한 끝에 서로에게서 차이점보다 공통점을 더 많이 발견했다. 내 학생들 중 대부분은 지금까지 그랬던 것처럼 앞으로도 해외여행을 할 가능성이 희박하다. 학생들이 스페인 학생들과 영상통화를 했다고는 하지만 실상은 스페인 문화를 살짝 맛만 봤을 뿐이다. 그럼에도 불구하고 나는 학생들이 스카이프를 활용해 유익한 경험을 하게 돼서 매우 기쁘다. 비좁은 농촌 사회에 사는 사람들은 타 지역 사람과 관계 맺는 걸 꺼리는 경향이 있는데, 나는 학생들이 이 수업을 발판 삼아 타 지역에 대한 막연한 두려움을 뛰어넘길 바란다.

영상통화로 세계 여러 나라의 사람들과 의사소통하는 수업은 성격상 내가 가르치는 세계어 수업에 딱 들어맞는다. 그러나 의사소통 활동 말고도 거의 모든 교과 수업에 활용할 수 있는 활동이 많다. 학급 소개, 문학 작품 토론, 과학 실험, 운동을 통한 다이어트, 음악회, 문제 해결 학습, 저자나 전문가와의 대화 등의 활동 등등. 디지털 기기를 활용해서 학생들의 안목을 넓혀줄 활동은 실로 무궁무진하다.

　만약 다른 나라 사람들과 교류하는 방법이 궁금하다면 지금 당장 스카이프를 다운받거나 구글에 계정을 만들기 바란다(구글 행아웃은 구글 계정을 만든 다음에 추가할 수 있는 확장 프로그램 중 하나다). 회의나 연수에 가보면 강사들이 수업에 활용하기에 좋은 도구를 설명할 때마다 스카이프와 구글 행아웃을 빼놓지 않고 소개한다. 그러나 나는 이 도구를 수업에 활용하는 교사가 터무니없을 정도로 적다는 사실에 충격을 받았다. 기회가 닿을 때마다 소셜 미디어를 통해 여러 교사에게 나의 학급과 교류할 의사가 없는지 물어봤지만, 답변을 주는 교사는 손에 꼽을 정도였다. 나는 교사들이 디지털 도구를 적극적으로 활용하지 않는 이유가 교직 사회에 널리 퍼져 있는, 그러나 충분히 극복할 수 있는 세 가지 장애물 때문이라고 생각한다. 지금부터 그 장애물과 극복 방법을 설명해 보겠다.

불안감

사람들은 본능적으로 모르는 사람을 만나기 전에 불안감에 휩싸이기 마련이다. 다른 나라의 학급과 교류할 기회가 생겨도 아래와 같은 불안한 생각에 사로잡혀 하염없이 시간을 보내는 교사들도 있다.

- 수업 중에 어떤 일이 벌어질까?
- 학생들은 어떻게 반응할까?
- 학생들은 적극적으로 참여할까 아니면 지루해할까?
- 내가 망신을 당하지는 않을까?
- 훗날 학생들이 나를 어떤 교사로 기억할까?

두려움을 편안함으로 바꾸는 가장 좋은 방법은 안전하고 편안한 환경에서 두려움의 실체와 맞닥뜨리는 것이다. 따라서 처음에는 같은 학구나 같은 학교의 학급과 교류를 하는 편이 좋다. 그런 다음 다른 나라의 학급과 교류를 해보면 수업이 계획한 대로 흘러가지 않더라도 유익한 경험을 할 수 있을 것이다. 여러분의 학생들은 지금까지 겪어보지 못한 새롭고 짜릿한 경험을 하게 될 것이고, 상대편 학급 학생들은 여러분의 학급과 지역에 대해 조금이라도 배우는 것이 있을 것이다. 또한 여러분은 어떤 수업이든 할 수 있다는 열정이 생겨 적극적인 자세로 수업을 계획하고 운영하게 될 것이다.

자신은 디지털 기술과 거리가 멀다는 생각

영상통화를 시작하는 데 전문적인 지식은 필요 없다. 사용하고자 하는 서비스에 계정을 만든 다음 카메라를 연결하고, 상대편 교사의 계정과 여러분의 계정을 연결하면 끝이다. 만약 주변에 영상통화로 학급 간 교류 수업을 해본 교사가 있다면 그 교사에게 유익한 조언을 구할 수도 있을 것이다. 거의 모든 앱과 사이트가 그러하듯이 스카이프나 구글 행아웃을 사용하면 사용법이 너무나 간단해서 실패할 가능성이 거의 없다.

시간 부족

흔히 사람들은 어떤 일을 계속해서 미룰 때 바쁘다는 핑계를 댄다. 그러나 꼭 하고 싶은 일이 있으면 어떻게 해서든 시간을 낸다. 나는 일주일도 안 되는 시간에 영상통화를 활용한 수업과 관련해서 알아야 할 것을 모두 배운 후에야 시간이 부족하다는 말은 사실이 아니라는 걸 깨달았다. 만약 수업을 통해 학생들에게 좋은 경험과 유익한 교훈을 선사하고 싶다면 우리는 어떻게 해서든 그 수업을 해낼 것이다.

나는 다른 나라 사람들과 소통하는 방법으로 영상통화를 가장 선호한다. 그러나 영상통화는 지구 반대편에서 공부하는 학급 혹은 학생들과 대화하는 수많은 방법 중 하나일 뿐이다. 예를 들어 여러분이 실시간으로 외국의 학급과 영상통화를 하기가 어려운 상황이라면 스카이프나 유튜브를 활용해서 영상 메시지를 보낼 수도 있다. Voxer로 음성 메시지를 보내는 것도 좋은 방법이다. 구글 문서를 공유해서 소통하거나, 온라인 펜팔인 ePAL(www.epals.com)로 메시지를 주고받는 것도 좋다. Edmodo.com에서 학술적인 혹은 친목을 위한 커뮤니티를 만들 수도 있다. 자신의 성향에 따라 알맞은 방법을 선택해서 시작하면 된다.

외국 학급과 교류를 시작할 때에 고려해야 할 점들은 다음과 같다.

시간대(time zone)를 고려하라

인디애나에는 두 가지 시간대가 존재하기 때문에 주 안에서 이루어지는 통화도 간단치 않다. 검색 사이트에서 여러분이 교류하고자 하는 학급의 위치를 검색하면 시간대와 관련된 문제의 해결 방법을 알아낼 수 있을 것이다. 모든 나라가 서머 타임을 적용하고 있지는 않기 때문에 교류하고자 하는 교사와 메시지를 주고받으며 시간대와 관련된 문제를 해결하자.

유연한 자세로 상대방 학급을 이해하라

외국 학급과 교류할 때에는 유연한 자세가 특히 중요하다. 외국의 사회적 규범, 의사소통 방식, 시간 개념, 인터넷 연결 문제 등이 여러분이 생각하는 것과 다를 수 있기 때문이다. 또 외국 학급과 교류하다 보면 예상치도 못한 일이 자주 발생한다. 예를 들면 내가 사는 곳에는 겨울이 되면 눈이 많이 내려 학교 등교가 지연되거나 취소되는 일이 종종 일어나는데, 나는 그때마다 하는 수 없이 외국 학급과의 교류 계획을 수정한다.

학생들에게 소감을 물어라

교사의 노력만으로는 좋은 수업이 이루어지지 않는다. 학생들도 외국 학생들과 교류하는 활동에서 보람을 느낄 수 있도록 적극적으로 참여해야 한다. 외국 학급과 교류 활동이 끝나고 난 후에 학생들에게 좋았던 점, 불편했던 점, 개선해야 할 점, 원하는 대화 주제 등에 대해 물어보자. 그런 다음 학생의 아이디어를 수업에 적극 반영하려고 노력하라.

　나는 몇 차례 교류 수업을 하고 나서 내 학생들이 여러모로 성장했다는 것을 분명히 느꼈다. 학생들은 보다 성숙한 관점으로 외국 사람을 바라보게 되었고, 교실에서 배우는 스페인어가 자기 또래의 스페인 학생과 교류할 때 얼마나 도움이 되는지 확실하게 깨달았다. 여기에 더하여 학생들은 수업 자체를 즐기게 되었다.

Mystery Location Calls

교사는 스카이프, 구글 행아웃, 페이스타임과 같은 영상통화 서비스를 활용해서 손쉽게 Mystery Location Calls 수업을 진행할 수 있고 그 효과는 대단하다. 이 활동의 목적은 멀리 떨어진 두 학급이 영상통화를 하며 상대편 학급의 위치를 알아맞히는 것이다. Mystery Location Calls 수업의 절차는 다음과 같다.

1. 수업에 참여할 교사 혹은 학급을 찾아라.

전 세계의 학급 중 Mystery Location Calls 수업을 통해 교류할 학급을 찾는 방법에 대해서는 바로 뒤에 나오는 '파트너 학급을 찾는 방법(255p)'을 참고하라.

2. 어떤 방식으로 수업을 진행할지 결정하라.

수업 전에 교류 학급의 교사와 진행 방법을 결정하라. 일반적으로 Mystery Location Calls 수업은 상대방 학급의 국가를 알아맞히는 활동이 주를 이루지만, 더욱 범위를 좁혀 주, 심지어 도시의 이름까지 알아내도록 운영될 수도 있다. 대게 학생들은 상대방 학급의 위치를 알아내기 위해 '예', '아니오'로 대답할 수 있는 닫힌 질문을 많이 사용한다.

3. 계정 정보를 교환하고 시험적으로 영상통화를 해보라.

영상과 음성이 이상 없이 출력되는지 미리 확인하면 실제로 수업을 할 때 시간이 지연되는 일없이 부드럽게 활동을 이어갈 수 있다.

4. 수업 시간을 정하고 상대방의 시간대를 잊지 말라.

만약 아침 10시에 수업을 시작하기로 결정했다면, 시간대를 확실히 계산했는지 다시 한 번 따져봐야 한다.

5. 학생들에게 Mystery Location Calls 수업을 소개하라.

Mystery Location Calls 수업 전에 학생들에게 수업의 진행 과정, 해야 할 행동과 해서는 안 되는 행동, 각자의 역할을 알려줘라. 학생들은 구체적인 역할이 주어지면 수업 시간에 적극적으로 참여할 것이다.

6. 영상통화를 하며 수업을 즐겨라.

어떻게 해야 학생들(나이가 몇이든 상관없다)이 수업에 적극적으로 참여할 것인지 고민하자. 사전에 학생들에게 역할을 상세히 알려주고 도움이 필요한 경우에는 아낌없이 지원하라. 일단 수업이 시작되면 즐겨야 한다. 영상통화를 하며 교류 활동을 마음껏 즐기자.

학생의 역할

학생들은 책임지고 수행해야 할 역할이 주어졌을 때 수업에 몰입한다. 아래에는 내가 학생들에게 부여한 역할이 소개되어 있는데 여러분은 아래의 리스트를 참고하면서 학생의 역할을 적절히 수정, 보완할 수 있을 것이다. 학생의 역할을 정리하기 위해 퍼닐 립Pernille Ripp(http://pernillesripp.com/2013/08/08/mystery-skype-jobs-created-by-my-students)과 조안 폭스JoAnn Fox(Jo-Ann Fox's

Mystery Skype Location Call Roles: http://goo.gl/qkv1s5)의 블로그를 참고했음을 밝혀둔다.

질문하는 학생과 답하는 학생

학생 1~3명은 카메라 앞에 서서 상대편 학급의 학생과 질문과 답변을 주고받아야 한다. 경우에 따라 학생들이 돌아가며 이 역할을 맡을 수도 있다.

지도를 살펴보는 학생

학생 두 명은 실제 지도를 살펴보거나 아이패드나 컴퓨터를 이용해 지도를 찾아보고 상대편 학급의 위치를 알아내거나 새로운 질문을 떠올려야 한다.

싱크탱크(Think Tank)

싱크탱크에 속한 학생들은 상대편 학생이 말해 준 정보를 해석하고 상대편 학생들에게 할 질문을 가다듬거나 상대편 학급의 위치를 가늠해야 한다.

질문을 적는 학생

학생 두 명은 상대편 학생들에게 보여줄 질문을 작은 화이트 보드에 스페인어로 적어야 한다.

문법을 검사하는 학생

학생 한두 명은 스페인어로 쓴 질문에 문법적 오류가 없는지 검사해야 한다.

단어의 뜻을 찾는 학생

학생 한 명은 WordReference.com과 같은 사이트를 활용해서 모르는 외국어 단어의 뜻을 찾아야 한다.

사진이나 영상을 찍는 학생

학생 한 명은 수업 모습을 사진이나 영상으로 촬영해서 나중에 학급 홈페이지에 게시해야 한다.

파트너 학급을 찾는 방법

수많은 학급과 전문가 그리고 이외에도 많은 사람들이 여러분의 학급과 교류하며 가르치고 배울 기회를 기다리고 있다. 아래에서는 전 세계 학급과 교류하는 데 도움이 될 만한 곳을 소개해보겠다.

Skype Education[01]

교사뿐 아니라 다양한 직종에 종사하는 사람들이 Skype Education 사이트에서 '수업(스카이프를 통해 교육적인 교류를 맺는 것)'을 신청하고 있다. 실제로 Skype Education 사이트에 들어가보면 다양한 사람들의 이력과 그들이 제안하는 수업 계획을 검색할 수 있다. 사이트에 게시된 수업 계획을 자세히 살펴보면서 교류하고 싶은 교사나 학급이 있는지 확인해 보라. 그리고 여러분의 수업 아이디어를 직접 게시해 보자.

Mystery Skype[02]

만약 Mystery Skype 활동을 하고 싶다면 이 사이트에서 시작하는 것이 현명하다.

---

01 https://education.microsoft.com/skype-in-the-classroom

02 https://education.microsoft.com/skype-in-the-classroom/mystery-skype

소셜 미디어

트위터(twitter.com)와 구글 플러스(plus.google.com)는 영상통화 파트너를 찾기에 적합한 사이트이다. 트위터, 페이스북, 구글에서 다양한 커뮤니티와 그룹들을 검색해 보자. 트위터를 사용하는 경우에 여러분과 마찬가지로 파트너를 구하려는 교사들을 확인하려면 해시태그 #mysteryskype를 사용하라. 구글 플러스에는 Mystery Location Calls라는 이름의 커뮤니티가 활발하게 운영되고 있는데, 많은 교사들이 이 커뮤니티에서 파트너 학급을 찾기 위해 게시글을 올리고 있다. 나는 트위터와 구글 플러스를 이용해서 파트너 학급을 찾는 데 모두 성공했다.

동료, 가족 그리고 친구

개인적인 인맥을 활용하라. 지인들에게 여러분과 교류하기에 적합한 사람을 추천해 달라고 부탁해 보자. 여러분이 가르치는 학생들에게도 한번 물어보자.

23
학급을 관리하라

여러분이 디지털 기기로 가득 찬 학급을 맡고 있든 전통적인 학급을 맡고 있든,
학급을 관리하는 방식은 동일하다.

교실에 컴퓨터를 많이 들여놓으면 수업 시간에 학생들이 산
만해지거나 느슨해지는 일이 시도 때도 없이 벌어진다. 나는 학
생들이 수업 시간에 ESPN 사이트나 프롬 드레스[01] 사이트에 정
신이 팔려 있는 모습을 수도 없이 목격했다. 심지어 학생들은 수
업 시간에 Newstudyhall.com[02](시간을 허비하기에 딱 좋은 단순한 게
임들이 백 개 이상 소개되어 있는 사이트)을 힐끗거리기도 한다. 만약
여러분의 학급에서 아이패드를 사용하고 있다면 바탕화면에서

---

01   미국, 캐나다의 고등학교 댄스파티 때에 학생들이 입는 드레스.

02   https://sites.google.com/site/newstudyhallx1/games

게임 어플 'du jour'을 찾아볼 수 있을지도 모른다(한때 학생들 사이에서 플래피 버드라는 게임이 유행했다).

교실에 학생용 컴퓨터가 구비된 경우, 학생들은 수업 시간에 교사의 눈가를 찌푸리게 만드는 행동을 참 많이 한다. 그래서일까? 나는 회의에 참석하면 이런 질문을 자주 받는다.

"학생들 관리는 어떻게 하나요? 학생들이 부적절한 행동을 하지 않고 수업에 집중하게 만드는 방법은 무엇인가요?"

위와 같은 질문을 받으면 나는 질문을 한 교사가 바라는 특단의 묘책을 알려주지는 못하지만 문제의 핵심을 파고들어 답변하려고 노력한다. 내 생각은 이렇다. 교사는 무슨 수를 써도 학생들이 자신의 시간을 현명하게 사용하도록 강제하지 못한다. 시간을 어떻게 활용할 것인가 하는 문제는 학생이 스스로 해결해야 하기 때문이다. 이 문제와 관련하여 나는 다음과 같은 구절을 자주 되뇐다.

"단 한 명의 학생도 포기하지 않는다."

물론 이 구절은 교육의 고귀한 이념을 나타내고 있지만, 나는 이 구절을 떠올릴 때마다 버스 정류장에서 탑승을 거부하는 아이가 연상된다. 버스에 타느냐 마느냐는 학생이 결정할 문제다. 단지 교사는 학생이 현명한 결정을 내리도록 도움을 줄 수 있을 뿐이다.

디지털 환경이 구축된 학급을 관리하는 방법은 종래의 전통적인 학급을 관리하는 것과 다를 바 없다. 나는 교실 안에서 구현되는 온라인 공간(블로그, 학급 홈페이지, 학생이 작성한 디지털 문서, 그림, 프레젠테이션)을 수십 년 전 학생들이 종이에 연필로 써서 제출했던 숙제를 다루듯 한다. 만약 학생들이 백채널이나 블로그와 같은 즉각적으로 발행이 가능한 온라인 매체에 글을 쓰면 나는 학생들이 교실 앞에 서서 큰 목소리로 발표를 했다고 간주한다. 학생들이 온라인상에서 학습 결과물을 만들어내면 나는 학생들이 내 오래된 숙제 바구니에 숙제를 넣고 채점을 기다린다고 생각한다(사실 나는 오래전에 숙제 바구니를 캐비닛 어딘가에 넣어버렸다).

여러분이 디지털 기기로 가득 찬 학급을 맡고 있든 전통적인 학급을 맡고 있든 학급을 관리하는 방식은 동일하다. 그럼에도 불구하고 나는 학생들이 학습 내용에 집중하고 수업에서 일탈하는 행동을 하지 않도록 하기 위해 아래와 같은 원칙을 따르고 있다. 아래의 원칙을 어느 학급에나 적용 가능한 묘책이라기보다는 내가 고안해 낸 사소한 팁 정도로 생각해 주길 바란다. 나는 아무리 사소한 행동이라도 교사가 꾸준하게 실천하면 학생들의 부적절한 행동을 바로잡는 데 효과가 크다는 것을 경험을 통해 깨달았다.

자주 교실을 순회하라

누군가 수업 시간에 나를 관찰한다면 내가 마치 기계처럼 교실을 순회하는 모습을 볼 수 있을 것이다. 내가 쉬지 않고 교실을 순회하는 이유는 칼로리를 소모하기 위해서가 아니라 학생들이 학습 활동을 잘 하고 있는지 관찰하고 격려하기 위해서이다. 나는 교실에 책상을 알파벳 'U'자(안쪽에 작은 U자, 바깥쪽에 큰 U자)로 배열했다. 나는 수업 시간이 되면 안쪽의 U자를 돌아본 다음 바깥의 U자를 따라 걷는데 이 과정을 계속 반복한다. 내가 학생들에게 가까이 다가서면 학생들은 교사가 지금 관심을 기울이고 있다는 사실을 깨닫고 조금 더 수업 내용에 집중한다. 만약 여러분이 책상에 앉아서 학생의 학습 활동을 한눈에 파악하고 싶다면, 교사용 컴퓨터에 학생의 컴퓨터 사용 모습을 모니터링해 주는 소프트웨어를 사용하라.

관심을 표현하고 질문하라

나는 교실을 순회하다가 멈춰 서서 학생들을 자세히 관찰하고 질문하는 걸 좋아한다. 물론 학생들이 수업에 집중하고 있는지 감시하려고 학생들을 뚫어져라 쳐다보거나 깜짝 퀴즈를 내는 것은 아니다(물론 내가 하는 행동이 간접적으로는 그런 효과를 내기는 한다). 만약 어떤 학생이 재미있는 글을 쓰면 그냥 지나치지 않고 그 앞에 멈춰 서서 웃음을 짓는다. 또 학생들이 까다로운 문장을 능숙하게 써내면 그 자리에서 칭찬을 해준다. 내가 이런 행동을 하는 목적은 학생들을 격려하기 위함이다.

학생들과 친밀한 관계를 맺고 학생들을 존중하라

나는 고등학생을 가르치면서 학생들이 존중받는 느낌을 무척 중요하게 생각한다는 사실을 깨달았다. 만약 학생들이 교사가 자신을 하찮게 대하고 있다는 불쾌한 느낌을 받는다면, 아마 학생들 중 몇몇은 교사의 삶을 망가뜨리려고 별의별 짓을 다할 것이다. 새 학년이 시작되면 나는 학생들에게 개인적인 관심을 보여주면서 학급 구성원 모두의 학교생활을 보다 편안하고 행복하게 만들려고 노력한다. 내가 이런 노력을 꾸준히 기울이면 학생들은 내가 학생 자신을 그저 수많은 학생들 중 한 명으로 취급하지 않는다는 사실을 깨닫는다. 학년 초부터 교사와 학생이 개인적인 관계를 탄탄히 다져두면 교사와 학생 모두 보다 긍정적인 학교생활을 영위할 수 있다. '2013년 올해의 교사'로 뽑힌 제프 차보네우Jeff Charbonneau는 다음과 같은 말로 관계와 존중의 중요성을 역설했다.

"나는 학생들을 엄격하게 다루는 계획을 세우지 않습니다. 나는 학생들을 어떻게 배려할지를 계획합니다. 여러분에게 후자의 계획이 있다면, 전자의 계획은 따로 세울 필요가 없습니다."

마감 기한을 짧게 정해라

학생들이 장기 프로젝트를 할 때 나는 학생의 집중력을 끌어올리기 위해 마감 기한을 짧게 정한다. 일반적으로 대부분의 학생들은 며칠 혹은 그 이상의 시간을 투자해서 프로젝트를 완성해야 할 때 집중력을 잃고 쉽게 포기한다. 또한 마감 기한을 넘기지 않도록 미리 프로젝트를 완성하고 실수가 없었는지 전체적으로 살펴보는 것과 같은 행동도 찾아보기 힘들다. 교사는 이런 학생의 특성을 감안해서 마감 기한을 짧게 정할 필요가 있다. 장기 프로젝트의 경우 교사가 마감 기한을 여러 번에 나누어 짧게 정하면 학생들은 결과적으로 우수한 학습 결과물을 만들어낸다.

매력적인 수업을 하라

내가 대학교에서 배운 것 중에 디지털 시대에도 여전히 유효한 한 가지 사실은 잘 짜여진, 매력적인 수업 계획만큼 학급 관리에 도움이 되는 것은 없다는 것이다. 여러분이 학생들의 삶과 밀접하게 관련된 수업, 학생들의 도전 정신을 불러일으키는 수업을 운영한다면 학생들이 속을 썩일 때마다 찾아오는 두통 때문에 골머리를 앓는 일은 없을 것이다.

디지털 기기를 가지고 수업에 참여하는 학생들은 틈만 나면 인터넷으로 스포츠 뉴스나 프롬 드레스를 보려고 할 것이다. 컴퓨터실에서 교직원 회의가 열리면 교사들 중에도 딴짓을 하는 교사가 있지 않던가. 그러나 교사가 수업 시간에 학생에게 의미 있는 질문을 던지고 활동 모습을 유심히 관찰하는 것과 같은 약속된 행동을 꾸준히 실천한다면 학생들은 수업 시간에 불필요한 행동을 하지 않을 것이다.

24
과감하게 시작하고 도전하라

행동하지 않으면 자신의 힘을 갉아먹게 된다.
행동하면 자신의 힘을 키우게 된다. 과감하게 시작하고 도전하라.

나는 몇 달 동안 고민한 끝에 학급 운영 계획을 완성했다. 나는 종이 없는 학급을 운영할 계획이었다. 종이를 단 한 장도 사용하지 않는 학급 말이다.

우리 교실에는 컴퓨터가 총 27대 있었다. 그 컴퓨터들은 구입한 지 9년이나 된 덩치가 공룡만 하고 느려 터진 컴퓨터였지만 그동안 나는 디지털 기기가 전무한 교실에서 학생들을 가르쳐왔기 때문에 그런 컴퓨터를 사용할 수 있다는 것만으로도 감지덕지였다.

그 후로 수년 동안 나는 수업 시간에 컴퓨터를 활용한 학습 활동을 진행하는 동시에 한 단계 더 나아갈 준비를 했다. 나는 단순히 Bell-ringer 활동을 수업에 적용하는 데 그치지 않고, 온라인 게시판과 학생의 블로그를 활용해서 학생들에게 토론의 장을 마련해 주고, 학생들이 디지털 기기로 과제를 수행하게 하고, 온라인 평가로 빠른 시간 안에 학생들의 이해 정도를 측정하려고 했다. 실제로 나는 완벽한 계획을 세웠다. 적어도 나는 내 계획이 완벽하다고 생각했다.

나는 새 학년이 시작되는 날, 내 거창한 계획을 학생들에게 설명했다. 그리고 첫 주에 바로 Bell-ringer 활동을 진행했는데 그 즉시 문제가 발생했다. 로그인 문제, 컴퓨터 부팅 시간 문제, 웹사이트 차단 문제 등등. 학습지를 사용했으면 수업이 시작되자마자 5분이나 10분 만에 소화할 학습 활동을 느려 터진 컴퓨터로 소화하려니 수업 시간의 절반이 소모됐다. 펑! 종이 없는 학급이라는 나의 계획은 처절한 실패로 마감되었다.

나는 낙담했다. 내 계획은 완벽한 듯 보였다. 종이를 사용하지 않고 디지털 기기를 활용하는 수업이 올바른 방향의 수업이라고 생각했다. 그러나 지금 되돌아보면 내가 시도한 수업은 방향에 있어서는 옳았지만 실행 방법에 있어서 문제가 있었다.

아래에서는 내가 종이 없는 교실을 운영하려고 노력하면서 얻은 교훈을 소개하고자 한다.

1. 기술을 위한 기술은 바람직하지 못하다.

교육 공학과 관련된 이 오래된 격언은 언제나 옳다. 기술은 우리의 가려운 부분을 긁어주는 것이어야 한다. 내가 계획한 디지털 학습 활동 중에는 종이와 연필을 사용할 때보다 시간이 오래 걸렸던 것도 있다. 물론 이런 결과는 내 의도와 정반대되는 것이다. 디지털 방식과 아날로그 방식을 견주어보라. 아날로그의 장점이 분명할 때에는 아날로그 방식으로 수업을 진행해야 한다.

2. 교실에 구축된 하드웨어는 학습 활동을 소화하기에 적합해야 한다.

내가 계획한 Bell-ringer 활동은 수업 초반에 학생들을 학습에 집중시키는 데 효과적이었지만 컴퓨터가 부팅될 때까지 기다리느라 소중한 수업 시간을 허비하고 말았다. 만약 여러분이 근무하는 학교에서 학생 한 명당 아이패드를 한 대씩 지급하고 있다면 교사는 부팅 시간 따위는 걱정하지 않아도 될 것이고, 학생들은 아이패드를 켜자마자 온라인 학습 활동을 시작할 수 있을 것이다. 과거에 나는 종이 없는 교실을 운영하기 위해서 보다 뛰어난 디지털 기기를 확보했어야 했다.

3. 좌절과 실패를 견뎌라.

나는 처절한 실패를 겪은 후에 처음으로 디지털 기술을 활용한 수업을 깨끗하게 포기하고 싶어졌다. 그러나 얼마 안 가서 내가 섣부른 결론을 내렸다는 걸 깨닫고 포기하고 싶은 마음을 다잡았다. 나는 디지털 기술을 활용한 수업에 계속 도전하면서 수업을 지연시키는 문제의 원인과 해결책을 찾아냈다. 하루하루 나는 내가 바라는 디지털 학급을 향해 성큼성큼 걸어갔다.

4. 한 번에 한 걸음씩 나아가라.

되돌아보면 내가 종이 없이 진행되는 여러 학습 활동들을 한꺼번에 시작한 것이 실패의 원인이었다. 조금씩 계획을 진행시켰어야 했다. 한 예로 나는 학생들에게 수많은 디지털 도구를 소개한 다음 학생들을 재촉했는데, 내가 이렇게 한 이유는 새로운 디지털 도구를 잔뜩 늘어놓으면 학생들이 학습하면서 스스로 적합한 디지털 도구를 선택할 수 있으리라고 생각했기 때문이다. 내가 가르치던 학생들은 모두 디지털 세계에서 태어나 디지털 문화 속에서 자라났다. 그래서 겉모습만 보면, 나를 포함하여

대다수의 사람들이 갖지 못한 기술적 용어, 기기, 사용법에 대한 선천적인 지식을 가지고 있는 것처럼 보인다. 그러나 분명히 말해서 학생들에게는 디지털 도구를 즉각적으로 배울 수 있는 선천적인 학습 능력 따위가 없다. 나는 조금 더 속도를 늦췄어야 했다.

나는 상처가 아물기를 기다렸다가 실패에서 얻은 교훈을 발판 삼아 앞으로 나아갔다. 디지털 기기를 활용한 새로운 활동을 수업에 적용했지만 이번에는 속도를 늦추었다. 그러자 학생들은 조금씩 디지털 전문가다운 면모를 갖추기 시작했다. 결국 종이를 덜 사용하고 디지털 도구를 더 활용하는 학급이 되었다.

내가 종이 없는 교실을 운영하다가 겪었던 좌절 그리고 그 뒤에도 여러 번 실패하면서 배운 것이 있다면, 과감하게 시작하고 도전하라는 것이다. 한때 나는 기발한 아이디어를 떠올린 후 실천에 옮기지 않는 특별한 재주가 있는 사람이었다. 내가 생각했던 아이디어는 어떻게 됐을까?

물론 아무 일도 일어나지 않았다. 그 아이디어들은 지금도 내 머릿속에 갇혀 있다. 그 아이디어들은 내 학생들이 공부하는 데 있어서나, 수업 시간에 학습 방법을 바꾸는 데 있어서나, 다른 교사들을 지원하는 데 있어서나 아무런 도움이 되지 않는다.

내 머릿속에 들어 있는 좋은 아이디어는 내가 무작정 시작하고 도전한 후에야 학생들에게 긍정적인 영향을 줄 수 있다. 요즘 나는 영감을 받아 "아, 수업 시간에 활용하면 좋겠는데"라는 생각이 들면 곧장 수업을 계획하고 실천에 옮긴다. 나는 실패에 대한 두려움 따위는 제쳐 두고 수업의 아주 작은 부분에서라도 변화를 일으키려고 노력한다. 나는 학생들 앞에 서서 "새로운 걸 한 번 해볼 거야"라고 말한 다음, 학생들이 어떤 반응을 보이는가와 상관없이 학습 과정을 천천히 진행하면서 학생들이 흥미진진한 학습을 할 수 있을 때까지 노력한다.

여러분도 마찬가지다. 여러분도 과감하게 시작하고 도전해야 한다. 새로운 수업 방법이 떠올랐을 때 세세한 부분까지 파악하지 못했다고 해서 두려워할 필요는 없다. 행동하지 않으면 자신의 힘을 갉아먹게 된다. 행동하면 힘을 키우게 된다. 과감하게 시작하고 도전하라. 그리고 만약 여러분이 첫날부터 예측하지 못한 일을 당했다거나 계획대로 수업을 하지 못했다고 하더라도 아무 걱정할 필요가 없다. 온라인상에서 나를 포함한 수많은 교사들이 여러분을 도와주려고 만반의 준비를 하고 있다.

25

한 번에 모든 걸 시도하지 마라

최고의 장난감(바로 디지털 도구!)을 제시해서
학생들이 신나게 공부할 수 있도록 도와주자.

새 학기가 시작되는 8월[01]이 다가오면 내 머릿속은 새로운 아이디어로 가득 찬다. 나는 학급을 혁신할 방법이나 새로운 디지털 도구로 학생의 창의력에 불을 지피고 한 단계 높은 학습 과정을 진행할 방법을 고민한다. 나는 여름방학 때마다 교육 관련 회의나 연수에 참여하면서 새 학기에는 학급에서 더 많은 변화가 일어나기를 꿈꾼다. 나는 머릿속으로 학급에서 일어날 수많은 일들을 상상하고 때로는 선을 넘을 정도로 가슴이 두근거

01　미국 고등학교는 새 학년이 8월에 시작된다.

린다.

한때 나는 열정을 주체하지 못하고 새 학기가 시작되자마자 학생들에게 서른여덟 개의 새로운 아이디어를 제시한 적도 있다. 서른여덟이라는 숫자는 과장된 것일지도 모르지만 내 학생들은 여기에 한 치의 의심도 품지 않을 것이다. 학생들은 내가 제시한 아이디어들을 소화하지 못하고 머릿속이 뒤죽박죽되어 어지러움을 느꼈다. 결과는 어땠을까? 내가 준비한 아이디어 중에서 실제로 수업에 적용된 것은 두세 개 정도였다.

나의 문제는 무엇일까? 결국 나는 시행착오 끝에 깨달았다. 연수를 통해 알게 된 새로운 앱이나 웹사이트, 트위터 채팅을 하면서 얻은 정보, 다른 선생님들이 실천하고 있는 프로젝트 수업 방법을 모두 수업에 적용하기란 불가능에 가깝다는 것을 말이다.

어지럽다고 고통을 호소했던 내 학생들을 기억하는가? 지금 되돌아보면 학생들이 느끼는 어지러움의 정도는 내가 제시한 새로운 아이디어의 개수와 비례했던 것 같다. 새로운 평가 방법, 숙제를 제출할 새로운 사이트, 디지털 기술을 활용한 새로운 학습 활동 등등. 내가 수많은 디지털 도구를 학생들에게 소개한 날, 쉬는 시간에 한 학생이 내게 다가와 이렇게 말했다.

"밀러 선생님, 사용해야 하는 웹 사이트가 너무 많아요."

처음에 나는 수업 시간에 웹사이트를 많이 사용하면 할수록 좋다고 생각했다. 학생들이 디지털 세상을 마음껏 경험하고 다른 수업에서나 실생활에서 활용할 수 있는 디지털 도구를 익힐 수 있기 때문이다. 물론 이런 생각에도 일리가 있기는 하지만 나는 한계효용체감에 대해서도 고려했어야 했다. 웹사이트를 적절히 사용하면 유익한 결과를 얻을 수 있지만 너무 많이 사용하면 도리어 수업에 방해가 된다는 것을 말이다. 결국 나는 한꺼번에 많은 것을 시도하면 수업이 혼란에 빠진다는 걸 깨달았고 중용의 미덕을 실천하기로 마음먹었다.

Cool Cat Teacher 블로그[02]를 운영하는 비키 데이비스Vicki Davis는 수업 시간에 새로운 요소를 적용할 때 자신이 어떤 자세를 취하는지를 블로그에서 설명한 바 있다. 예를 들어 서른여덟 개의 새로운 아이디어가 있다고 할 때, 비키는 모든 아이디어를 한꺼번에 시도하기보다는 주요한 디지털 도구를 한두 개만 선택해서 수업에 적용한다고 한다. 어떤 해에는 학생들이 내용을

---

[02] http://www.coolcatteacher.com

편집하고 추가할 수 있는 온라인 협업 사이트인 Wikis[03]를 수업에 적용하고, 다음 해에는 아이디어를 수집하고 저장하고 조직할 수 있는 Evernote만 활용하는 식이다. 내가 비키에게서 본받고 싶은 점은 어떤 수업에서도 기술에 초점을 맞추지 않는 현명한 자세이다. 비키는 늘 학생의 실질적 학습 내용과 경험을 최우선으로 생각한다. 그리고 비키는 새로운 도구를 학생들이 학습 목표를 달성하는 데 도움이 되는 한에서만 활용한다.

우리는 모든 것을 원한다. 우리는 세상에 존재하는 새로운 디지털 도구와 아이디어 모두를 수업에 적용하길 바라고 '지금' 그 일이 현실로 일어나길 바란다. 그러나 이것은 꿈 내지는 이상이다. 우리는 분명한 목적의식을 가지고 조심스럽게 학습 도구를 선택해야 한다. 우리는 학생들이 크리스마스 날 아침에 '너무 많은' 선물을 받은 나머지, 정말 좋은 장난감을 잃어버린 아이와 같은 신세가 되길 바라지 않는다. 학생들에게 최고의 장난감(바로 디지털 도구!)을 제시해서 학생들이 신나게 공부할 수 있도록 도와주자. 학생들이 새로운 학습 도구를 자유자재로 사용할 수 있을 때까지 여유를 갖자. 학생들이 헷갈려하는 키보드 단축

---

03 https://www.wikipedia.org

교 과 서 가 사 라 진 교 실

키나 디지털 도구의 추가 기능을 완전히 이해하도록 천천히 가르치자. 그리고 학생들에게 새로운 디지털 도구가 교실 안팎에서 영위되는 자신의 삶과 어떤 관련이 있는지를 명확히 이해시키자.

새로운 아이디어를 수집하라. 새로운 디지털 기술을 찾아내서 교실에 적용하라. 그다음, 한 번에 하나씩 바꿔라. 여러분과 학생들이 소화할 수 있는 속도를 파악하라. 교사가 너무 멀리 나아가거나 너무 빠른 속도로 변화를 주려고 하면 학생들은 분명 어지러움을 호소할 것이다.

26
직접 만들어라

주위를 돌아보면 좋은 아이디어나 훌륭한 정보가
마음속이나 캐비닛에 갇혀 있는 경우가 너무 많다.

살 칸Sal Kahn의 사촌인 나디아는 수학 실력이 변변치 않았다.
나디아는 살 칸이 똑똑하다는 걸(살 칸은 MIT에서 학위를 받았다)
알고 있었기 때문에 살 칸에게 도움을 청했다. 살 칸은 나디아
에게 추천할 만한 공인된 학습 자료를 찾을 수 없자 직접 자료
를 만들기로 결심했다.

살 칸은 처음에 야후의 Doodle notepad를 사용했지만 직접 영
상을 찍어서 유튜브에 게시하는 편이 더 간편하다는 걸 알게 됐
다. 살 칸은 꾸준히 수학 영상을 제작했고 나디아는 영상을 시청
했다. 얼마 후 나디아는 수학 성적이 올랐을 뿐 아니라, 수학이

라는 교과를 보다 깊게 이해하게 되었다. 그러던 어느 날, 살 칸은 나디아 이외에도 수많은 학생들이 자신이 만든 영상을 시청하고 있다는 걸 알게 되었다. 영상의 조회 수와 댓글 수가 올라가면서 살 칸의 이메일 수신함에는 도움을 요청하는 편지들이 가득 차기 시작했다. 단 몇 년 만에 살 칸이 제작한 수학 영상의 조회 수는 기하급수적으로 늘어났다.

오늘날 살 칸은 "지구촌의 누구에게나 세계적인 수준의 교육을 무료로 제공한다"는 이념을 미션으로 삼고 있는 칸 아카데미(Kahn Academy)의 이사로 재직하고 있다. 칸 아카데미는 처음에 수학 영상만 제공했지만 지금은 역사, 의학, 재정학, 물리학, 화학, 예술의 역사, 경제학 등 광범위한 교과의 영상을 제공하고 있다. 살 칸이 제작한 영상은 수십 개 국의 언어로 번역되었고, 현재 다양한 연령대의 수백만 명에 달하는 학생들이 시청하고 있다.

여기서 주목해야 할 점이 있다. 만약 살 칸이 인터넷에서 변변한 수학 영상을 찾지 못했다는 이유로 사촌에게 "미안한데 도와줄 수가 없어"라고 말했다면 칸 아카데미는 존재하지 않았을 것이라는 점이다. 그리고 살 칸은 사촌에게 미안하다는 말을 하는 대신 자신이 원하는 자료를 '직접 만들었다'는 점이다.

여러분도 마찬가지다. 여러분도 원하는 자료를 직접 만들 수 있다. 여러분이 유튜브에서 교과 내용의 핵심을 상세히 설명하는 영상을 찾고 있다고 상상해 보자. 물론 여러분은 필요한 영상을 쉽게 찾을 수도 있을 것이다. 그러나 그 영상을 유튜브나 다른 상업적인 사이트에서도 찾지 못할 가능성 또한 충분하다. 만약 여러분이 끝내 영상을 찾지 못했다면 어떻게 해야 할까?

여러분이 찾고 있는 영상의 내용이 머릿속에 확실히 그려진 상태라면, 여러분은 주변에 있는 디지털 도구를 활용해서 직접 영상을 제작할 수 있다. 앱이나 디지털 도구를 활용하면 양질의 교육 영상뿐 아니라 책, 글, 그림, 라디오 쇼도 제작할 수 있다. 아래에서 나는 여러분이 수업에 필요한 자료를 제작할 때 도움이 될 만한 디지털 도구 몇 가지를 설명하겠다. 자신을 믿어라. 여러분에게는 아래에 소개된 도구나 컴퓨터, 태블릿을 이용해서 훌륭한 학습 자료를 만들어낼 능력이 있다.

무료 웹사이트

이 책의 앞부분에서 나는 무료 웹사이트를 디지털 교과서로 활용하는 방법을 소개했다. 나의 학급 홈페이지에는 학급 운영 자료, 학습 자료 그리고 다음 차시 소개 영상이 살아 숨 쉬고 있다. 내 경험에 비춰 말하자면, 웹사이트는 학급을 운영하는 데 큰 도움이 되는 실로 놀라운 도구이다. 일단 웹사이트는 학생, 교사 또는 온라인상의 누군가와 공유할 자료를 보관하는 장소로 활용하기에 좋다. 또 웹 사이트에 토론방을 개설하면 학생들이 자유롭게 의견을 공유할 수 있다. 여러분이 온라인상에서 자료를 만들 계획이라면, 돈 한 푼 들이지 않고도 튼튼하게 유지되는 웹사이트를 저장고로 활용하는 것이 바람직하다.

영상

요즘 우리가 사용하는 스마트폰에는 인류를 달에 보내기 위해 과학자들이 사용했던 기술과는 비교도 되지 않을 정도로 뛰어난 첨단 기술이 탑재되어 있다. 몇 년 전에도 이 작은 컴퓨터 안에는 고화질 영상 카메라 기능, 정교한 영상 처리 기술과 같은 값비싼 기술이 들어 있었다. 오늘날 우리는 호주머니에서 스마트폰을 꺼내 화면을 몇 번 터치하는 것만으로 고화질 영상을 촬영하고 편집할 수 있다. 우리는 영상에 음악이나 자막을 삽입할 수 있고 영상 편집 어플을 활용해서 특수효과도 넣을 수 있다. 핸드폰으로 영상을 만든 다음에는 어떻게 해야 할까? 유튜브에 게시해 보자. 유튜브는 세상에서 두 번째로 큰 검색 엔진으로서 여러분이 제작한 영상을 게시하기에 적합한 사이트이다. 사람들은 매달 유튜브에서 어마어마한 양의 영상을 검색하기 때문에 여러분이 영상을 게시한다면 자연스럽게 전 세계 사람들과 영상을 공유하게 될 것이다. 물론 여러분은 유튜브에 게시된 영상을 다른 사람이 볼 수 없도록 설정할 수도 있다. 선택은 여러분의 몫이다.

플래시 카드 웹사이트

블룸의 교육 목표 분류에 따르면 플래시 카드는 고차원적 사고와 관련되어 있지 않지만 학생들이 무언가를 외우고 기억해야 할 때 교사가 유용하게 사용할 수 있는 학습 도구이다. 사실, 내 학생들 중 대부분이 온라인 플래시 카드로 공부하는 걸 무척 좋아하고, 다른 과목을 학습할 때에도 스스로 플래시 카드를 만들어 공부한다! 학생과 교사는 Quizlet, ExamTime, StudyBlue와 같은 사이트를 통해 플래시 카드를 손쉽게 만들 수 있다. 플래시 카드를 만들고 사이트에서 제공하는 링크 주소를 공유하면 누구나 플래시 카드로 학습할 수 있다. 플래시 카드 사이트는 대부분 모바일 앱을 제공하기 때문에 학생들은 호주머니에 중요한 어휘나 개념들을 플래시 카드의 형태로 넣고 다니다가 어디서든 꺼내보고 공부할 수 있다.

구글 앱

구글 앱을 활용하면 문서, 프레젠테이션, 스프레드시트를 만들거나 그림을 그려서 사람들과 공유하기가 무척 편하다. 일단 구글 앱으로 만든 파일들을 공유하고 나면 링크나 다른 사용자의 구글 계정을 통해서도 확인할 수 있다. 구글 앱으로 만든 자료를 공유하면 여러 사람들이 동시에 편집하는 것도 가능하다. 다시 말해 자료에 일어난 변화를 누구나 즉각적으로 확인할 수 있다는 것이다. 나는 학습 자료를 복사해서 학생들에게 나눠주는 대신, 구글 문서로 자료를 만들고 학급 홈페이지에 링크로 걸어둔다.

우리는 디지털 사회에서 과소비를 하며 살고 있다. 많은 사람들이 자신에게 꼭 필요한 자료를 찾으려고 온라인 세상을 헤맨다. 웹사이트, 노래, 영상, 학습지 등등. 인터넷을 사용하는 대다수의 사람들이 자료를 소비하는 데 반해, 오직 소수의 사람들이 자료를 만들어낸다. 자신이 만든 정보를 '공유'하는 사람의 비율은 더 적다. 앞에서 나는 공유의 중요성에 충분히 강조했지만 여기서 다시 한 번 강조하고 싶다. 교사는 다른 사람에게서 잘 배운 덕에 성공한 사람들이다. 여러분이 교사가 되는데 도움을 준 사람들을 생각해 보라. 복도에서 여러분의 고민을 묵묵히 들어준 교사나 여러분이 마음 놓고 울 수 있도록 어깨를 내어준 교사가 떠오를지도 모른다. 혹은 좋은 아이디어를 알려준 동료 교사나 여러분이 앞으로 방문할 일이 없는 나라에 살면서 온라인에 좋은 자료를 게시한 익명의 사람이 떠오를 수도 있다.

이번에는 지금 여러분이 가지고 있는 자료를 공유했을 때 큰 도움을 얻게 될 사람들을 생각해 보자. 주위를 돌아보면 좋은 아이디어나 훌륭한 정보가 마음속이나 캐비닛에 갇혀 있는 경우가 너무 많다. 지금 당장 그 좋은 아이디어들을 풀어놓자! 아이디어를 자료로 만들고 다른 사람에게 도움을 줄 수 있는 곳에 놓아 두자. 지금 당장 무엇인가를 만들어라!

27
항상 학생들과 소통하라

아이들은 도전과 실패의 과정을 반복하면서
미래 사회에서 요구되는 창의력을 기른다.

대략 이 년 전에 나는 학교에서 학생들이 마인크래프트를 하지 못하도록 게임 자체를 차단시켜버렸다. 지금 생각해 보면 명백한 실수였다. 마인크래프트는 사용자가 가상의 세계를 만드는 샌드박스[01] 스타일의 게임이다. 사용자들은 건물을 만들고, 부수고, 동굴을 파고 높다란 탑을 쌓으며 게임을 즐긴다. 단지 만들고 싶은 건물을 건축하는 경우도 있고, '서바이벌 모드'를 할 때에는 목숨을 유지하기 위해 안전한 건물을 짓는다.

---

01 게임을 할 때 사용자가 마음대로 무엇이든 할 수 있는 게임 방식을 가리킨다.

이 년 전 어느 날, 나는 내 교실에서 몇몇 학생들이 마인크래 프트를 하며 건물을 만드는 모습을 봤다. 당시 한 학생은 몇 시 간은 족히 걸렸을 법한 정교한 건물을 만들었는데 내 앞에서 컴 퓨터 바탕화면을 가리기는커녕 오히려 자신이 만든 건물을 자 랑하려고 했다. 나는 그 학생의 적극적인 모습에 충격을 받았다. 학생들은 개인적인 시간에 컴퓨터 게임으로 세상을 건설하면서 건축의 특징을 깨닫고 창의력을 키우고 있었다.

그래서 내가 어떻게 했을까? 전입 온 지 얼마 되지 않아 무엇 이든 '똑바로' 해내고 싶었던 교사였던 나는 학교의 정보·기술 담당자에게 이 사실을 알렸다. 나는 담당자에게 "지금 학교에서 무슨 일이 일어나고 있는지 모르겠지만…", 이런 뉘앙스의 이메 일을 보냈다. 며칠 후 마인크래프트는 완전히 차단되었다. 화가 잔뜩 난 학생들은 적어도 학교에서는 가상의 세계를 건설하는 걸 포기하는 수밖에 없었다. 나는 바보였다.

요즘 나는 마인크래프트를 예전과는 전혀 다른 시각에서 파 악한다. 요즘 교육계에서는 마인크래프트를 수업에 접목하려는 움직임이 활발하게 일어나고 있다. 실제로 많은 초등학교 교사 들이 점심시간에 마인크래프트를 활용해서 학생들에게 수학의 개념들과 디지털 문해력을 가르치고 있다. 내가 보다 일찍 게임의 교육적 가능성을 깨달았다면 얼마나 좋았을까? 안타깝게도 나는 게임으로 교육과 학생의 흥미를 관련지을 수 있다는 걸 깨닫지 못하고 학생들과 소통할 수 있는 절호의 기회를 스스로 걷어차버리고 말았다.

마인크래프트의 교육적 가치를 깨달은 이후 나는 내 아이패드에 마인크래프트를 설치해서 내 자녀들(다섯 살, 일곱 살 그리고 아홉 살 된 아이)이 마음껏 게임을 할 수 있도록 배려하고 있다. 요즘 나는 아이들이 게임하는 법을 스스로 알아내고 게임을 통해 전통적인 교실에서는 배울 수 없는 내용을 자연스럽게 깨닫는 모습을 바라보는 게 즐겁다. 예를 들어 아이들은 마인크래프트를 통해 아래와 같은 내용을 배웠다.

- 쉽게 빠져나올 수 없는 구멍이나 터널을 파는 방법을 안다 – 나는 구멍이나 터널에 구조와 관련된 중요한 지식이 관련되어 있다고 생각한다.
- 뜻밖의 물건도 유용하게 사용될 수 있다 – 최근에 아이들은 불과 용암이 얼음을 순식간에 녹일 수 있을 정도로 뜨겁다는 사실을 알게 됐다. 그다음에 무슨 일이 일어났을까? 아이들은 마인크래프트에서 불과 용암을 이용해

서 여러 지형을 만들었다. 한 예로 내 딸은 화산 지형을 만든 다음 그 안에 용암을 가득 채웠다.

- 앞날을 대비해서 계획을 세우고 성과를 올리는 방법 – 아이들은 자신이 건설한 세계에서 양을 기르면서, 양과 양에서 얻은 양털이 거래가 가능하고 특히 양털은 다양한 용도로 사용될 수 있다는 것을 배웠다.

겉으로 보면 아이들은 게임을 할 때 아무 생각 없이 노는 것 같지만, 실은 자신의 세상을 만들어가면서 유익한 교훈을 배운다. 아이들은 도전과 실패의 과정을 반복하면서 미래 사회에서 요구되는 창의력을 기른다.

교사가 학생들의 생활과 관심사를 유심히 관찰하고 학생들의 눈높이에 맞는 수업을 운영한다면, 교사는 학생에게 교육과정에서 자신의 이야기를 확인할 수 있는 기회를 주는 것과 다름없다. 학생들은 수업 시간에 자기 자신의 이야기가 나와야 비로소 수업 내용과 자신과의 관련성을 깨닫는다. 나는 학생들이 마인 크래프트에서 빌딩을 짓거나 당구대에서 멋진 샷을 구사하면서 기하학이 건축과 당구에 얼마나 큰 도움이 되는지를 깨닫기 전까지 기하학의 의미를 깨닫지 못한다고 생각한다.

'fantasy football'[02]을 좋아하는 사람이라면 ESPN 칼럼니스트이자 fantasy football 전문가인 메튜 베리Matthew Berry라는 이름을 한 번쯤 들어봤을 것이다. 수많은 fantasy football 칼럼니스트와 달리 메튜 베리는 칼럼을 쓸 때 미식축구와 관련된 소소한 사실들이나 경기 예측에 대한 내용을 다루지 않는다. 대신 베리는 요새 유행하는 문화와 자신의 삶에 대한 글을 주로 쓴다. 때로 베리는 일상적인 이야기나 미식축구에 대한 자신의 생각을 칼럼에 쓴다.

여기에는 이유가 있다. 베리가 ESPN에서 일하기 시작했을 때 회사 측에서는 베리에게 풋볼 전문가로서 전문성을 유지하기 위해 어떤 잡지를 구독하고 싶은지 물었다고 한다. 베리는 어떤 잡지를 선택했을까? 바로 《People》[03]이다. 왜 《Sports Illustrated》가 아니라 《People》일까? 베리는 그 이유를 이렇게 설명한다. 《People》을 읽으면 fantasy football 전문가들이 놓치기 쉬운 독자들의 관심사를 알게 될 것이고, 독자의 눈높이에 맞는 칼럼을 쓴다면 결국 독자들과 더 가깝게 소통하는 데 도움이 되기 때문이라는 것이다. 결과는 어땠을까? 베리의 칼럼은 여타의 칼럼과 비교가 되지 않을 정도로 유명해졌고 그는 수많은 고정 독자층을 얻게 되었다.

교사도 베리와 똑같이 할 수 있다. 학생들의 마음을 건드리고 싶은가? 그렇다면 학생들이 무엇을 좋아하는지 알아보자. 학생들이 즐겨듣는 음악을 들어보자. 학생들이 자주 찾는 웹사이트를 살펴보자. 유심히 관찰하라. 학생들의 이야기에 귀를 기울여라. 학생들이 무엇을 좋아하고 어떻게 생활하는지 계속 질문하라. 이러한 노력의 결과가 당장 수업에서 효과를 발휘하지 않는다고 해도 꾸준히 노력하면 결국 교사는 학생과 긴밀한 관계를 맺고 수업 시간에 값진 보상을 얻게 될 것이다.

학생들이 마인크래프트에서 만든 멋진 건물을 여러분에게 보여주려고 하면 정보·기술 담당자에게 이 사실을 알리기 전에 적어도 두 번은 생각하라. 나처럼 후회할지도 모른다.

28
시각화하라

교사가 그림을 활용해서 학생의 뇌가 해내려고 하는 일에 힘을 보탠다면,
결국 교사는 학생들이 학습 내용을 더 잘 이해하고 기억하도록 돕는 셈이 된다.

교실에서 나는 '막대 인간의 왕'으로 통한다. 스페인어 시간
에 학생들에게 이야기를 들려주거나 어휘를 소개할 때, 나는 칠
판에 막대 인간을 그려넣고 간단한 신발, 머리카락, 지팡이, 정장
모자 등으로 막대 인간을 치장한다(내가 막대 인간보다 조금이라도
나은 그림을 그리려고 하는 순간, 나는 왕관을 빼앗기고 왕의 지위를 잃
어버린다).

나는 너그럽게 봐줬을 때 미술의 영역에 속할 수 있는 낙서
같은 내 그림이 예상보다 교육적 효과가 뛰어나다는 사실을 알

게 되었다. 앞 장에서 나는 그림 우월성 효과[01]를 언급하면서 내 그림처럼 엉망인 그림이 문자가 주를 이루는 프레젠테이션 자료보다 교육적 효과가 훨씬 뛰어나다는 말을 했다.

뇌에 관한 연구인 이중 부호화 이론(dual-coding theory)에 따르면 인간은 시각 부호나 어문 부호 혹은 두 부호에 모두 의존해서 무엇인가를 기억한다고 한다. 단어는 어문 부호로 우리의 뇌에 저장되고 오직 단어로 기억된다. 그러나 그림은 시각 부호와 어문 부호의 형태로 저장되며 단어와 그림으로 기억된다. 여기서 우리는 그림이 단어에 비해 기억하기가 훨씬 쉽다는 것을 알 수 있다.

이중 부호화 이론에 정면으로 반하는 교육 자료를 떠올려보자. 가장 대표적인 예로 파워포인트 프레젠테이션을 꼽을 수 있다. 우리는 글자가 잔뜩 적혀 있는 슬라이드를 흔히 볼 수 있는데, 그런 슬라이드를 가만히 들여다보고 있으면 작성자가 슬라이드에 적혀 있는 항목들을 얼마나 중요하게 생각하는지 그리고 하고 싶은 말을 몽땅 적는 것이 얼마나 비효율적인 발표 방법인지를 동시에 알 수 있다.

---

01   http://en.wikipedia.org/wiki/Picture_superiority_effect

이번에는 수업 시간으로 시선을 돌려보자. 많은 교사들이 문자를 나열해서 학생들의 이목을 집중시키려고 하지만 대부분 실패하고 만다. 중요 항목을 열거하는 것만으로는 학생들을 집중시키기 힘든 것이다. 나는 수업 시간에 교사가 문장이나 단어를 최대한 적게 사용하고 대신 그림을 제시하는 것이 학생들을 수업에 참여시키는 데에 훨씬 효과적이라고 생각한다.

수업을 관찰해 보면 그림을 사용하는 교사는 많지 않다. 여기에는 크게 두 가지 이유가 있는데 과거에 나도 이 두 가지 이유에 집착해서 수업 시간에 그림 그리는 걸 꺼렸다. 아래에 소개된 두 이유 중에서 어느 하나에라도 동의한 적이 있다면 잠시 책을 내려놓고 손을 번쩍 들어보길 바란다.

간단한 그림으로 시작하자

솔직히 말해서 나는 미술에 소질이 없다. 나는 사람을 그릴 때 늘 막대 인형을 그리고 때로는 내가 그린 그림의 정체를 학생들에게 설명해야 할 때도 있다. 그러나 나는 이것이 바로 낙서 같은 그림의 미덕이라고 생각한다. 여러분이 작은 방울 하나를 그린 다음 학생들에게 이것이 구름이라고 말한다면 학생들은 머릿속으로 구름을 떠올릴 것이다. 여기서 더 나아가 똑같은 방울을 한 번 더 그리고 학생들에게 이것이 수풀 혹은 생각 주머니라고 말한다면 학생들은 여러분의 말대로 상상하기 시작할 것이다. 여러분은 미술가가 될 필요가 없다. 간단한 그림을 그려라.

여러분이 직접 그림을 그리기 싫은 경우에도 좋은 방법이 있다. 온라인상에서 이미지를 검색해 보고 마음에 드는 그림을 선택하라. 좋은 그림을 발견할 때까지 묵묵히 검색하면 마음에 꼭 드는 그림을 찾을 수 있을 것이다.

그림으로 빠르게 이해시키자

과거에 나는 쓰기와 읽기가 교육다운 교육의 전형적인 활동이며, 두 활동이 수업의 중심을 차지해야 한다고 생각했다. 그러나 가만히 생각해 보자. 왜 우리는 책을 읽을까? 우리의 뇌에 좋은 생각을 저장하기 위해서가 아닌가? 문해력이 모든 교과 수업의 핵심에 해당하는 것은 사실이지만 결국 우리의 뇌가 생각이나 개념을 시각 부호로 치환하여 저장하려는 경향이 있다면 처음부터 그림을 이용해서 뇌의 정보 처리 과정을 빠르게 하는 것이 왜 문제란 말인가? 학생들 중에는 교사의 설명을 머릿속에 그림으로 저장하는 데 애를 먹는 학생들이 분명히 있다. 교사가 그림을 활용해서 학생의 뇌가 해내려고 하는 일에 힘을 보탠다면, 결국 교사는 학생들이 학습 내용을 더 잘 이해하고 기억하도록 돕는 셈이 된다.

그렇다면 교사는 어떻게 그림을 만들어내야 할까? 다양한 방법이 있다.

- 크리에이티브 커먼즈 라이센스(CCL)[02]가 적용된 이미지를 검색하라

인터넷에는 우리가 재사용할 수 있는 이미지들이 무척 많다. 지금 당장 creativecommons.org에 방문해서 이미지를 검색해 보자. 원 저작자만 확실히 밝힌다면 CCL이 적용된 이미지를 저작권 걱정 없이 마음대로 사용할 수 있다.

- 드로잉 앱

아이패드에 'Paper by FiftyThree' 앱을 설치하고 그림을 그리면 종이에 그린 것보다 훨씬 잘 그린 것처럼 보인다. Paper by FiftyThree와 같은 무료 앱을 활용해서 그림을 그리고 이미지 파일로 저장한 다음, 그림이 필요할 때마다 찾아서 사용해 보자.

---

02 Creative Commons Licence. 저작권자가 정해 놓은 사용 조건만 지킨다면 얼마든지 창작물을 사용해도 좋다는 내용을 담은 저작권 사용 권리를 말한다. 대표적인 예로 '상업적인 용도로 사용할 수 없다', '저작물을 변경할 수 없다' 등이 있다.

마이크 로드Mike Rohde는 저서 《The Sketchnote Handbook》에서 아이디어를 간단한 그림으로 표현하는 방법을 구체적으로 설명했다. 내가 이 책을 읽고 배운 것은 도형, 선, 점만 잘 사용하면 무엇이든 그릴 수 있다는 것이다. 예를 들어 로드는 사람을 그리고 싶다면 직사각형으로 몸을, 선으로 팔과 다리를, 원으로 얼굴을 그려보라고 제안한다. 일단 사람이 완성되면 간단한 옷이나 액세서리를 그려넣어 더 멋진 사람을 그릴 수 있다.

수업 내용을 시각화하는 데에 꼭 그림만 사용해야 하는 것은 아니다. 영상은 이미지와 마찬가지로 학생들의 이목을 집중시키는 데 큰 효과가 있다. 요즘 학생들은 자신의 핸드폰으로 영상을 찍는 걸 좋아하고, 자신이 찍은 영상을 보는 건 더욱 좋아한다. 학생이 수업 내용을 설명하는 자신의 모습을 영상으로 촬영했다고 해보자. 교사가 이 영상을 수업 시간에 보여준다면 학생들은 영상에 빠져들 듯 몰입할 것이다. 물론 학생들이 수업에 몰입하면 할수록 학업 성취도는 향상될 것이다.

현재 온라인상에는 다양한 영상 제작 도구가 존재하며, 매일 새로운 도구들이 시장에 쏟아져나오고 있다. 컴퓨터를 구입하면 윈도우 운영 체제에는 윈도우 무비 메이커[03]가, iOS 운영 체제에는 iMOVIE가 기본적으로 컴퓨터에 설치되어 있다. WeVideo[04]는 웹 기반 영상 편집 도구로서 수업에 쓸 영상을 제작할 목적이라면 무료 버전을 사용해도 충분하다. 수업에 영상을 활용하는 방법은 교사가 계획하기 나름이다. 일단 스마트폰, 디지털 카메라, 태블릿을 학생들의 손에 들려주자. 학생들은 스스로 움직이기 시작할 것이다.

수업 내용을 시각화하려고 시도하는 것이 중요하다. 칠판이나 아이패드 앱을 활용해서 수업 내용을 이미지로 표현해 보자. 저작권 걱정 없이 사용할 수 있는 수많은 온라인 이미지 중에서 적절한 그림을 선택한 후 학생들에게 보여주고 사고력을 자극하라. 수업 내용과 관련된 영상을 여러분이 직접 제작하거나 학생들이 스스로 제작할 수 있도록 기회를 제공하라. 수업 내용을 이해하는 데 도움이 되는 그림을 사용한 다음, 수업 시간에 어떤 변화가 일어나는지 두 눈으로 확인하라.

---

03 현재 윈도우 무비 메이커는 공식적으로 사용할 수 없다. 마이크로소프트 사에서는 윈도우 무비 메이커의 후속 작으로 '스토리 리믹스'라는 앱을 선보였다.

04 https://www.wevideo.com

거의 모든 교과 수업에서 영상을 활용할 수 있는 열 가지 방법

1
개인적인 이야기를 영상으로 만들어라

학생들에게 자기 자신, 이야기 속 등장인물, 역사적 인물에 대한 이야기를 영상으로 제작할 기회를 주면 어떨까. 학생들은 인물의 삶을 다양한 시각에서 바라보게 된다. 학생의 눈에 비친 인물의 모습을 영상으로 제작하게 하라. 영상에 설명하는 음성을 삽입하고 적절한 분위기를 자아낼 수 있도록 배경 음악을 깔게 하라.

2
이야기를 들려줘라

이야기는 호기심을 자극한다. 사람들은 이야기를 들으며 아직 경험해 본 적 없는 장소와 시간을 간접 체험한다. 교사가 수업 내용 중 특정 개념을 선택하고 그 개념과 관련된 이야기를 들려준다면 학생들이 학습 내용을 이해하는 데 큰 도움이 될 것이다. 물론, 이야기를 들려줄 때 그림이나 영상을 활용한다면 효과가 배가 될 것이다.

3
화이트보드 애니메이션을 만들어라

삼각대에 촬영 도구(스마트폰, 태블릿 혹은 비디오 카메라)를 설치해서 촬영 도구가 흔들리지 않고 화이트보드나 칠판에 초점을 맞출 수 있도록 하자. 녹화 버튼을 누르고 그림을 그리자. 영상 편집 도구를 사용해서 영상이 네 배 빠르게 재생되도록 편집하고 해설 음성과 음악을 영상에 삽입하자.[01]

4
화면 녹화 영상을 만들어라

한 가지 반가운 소식은 Screencast-O-Matic.com이나 Screenr.

---

01   http://www.youtube.com/watch?v=tDdJJluOqLU 영상을 참고하라.

com^{02}과 같은 화면 녹화 기능을 제공하는 사이트를 활용하면 학생들도 간단히 영상을 제작할 수 있다는 것이다. 예를 들어 학생들은 화면을 녹화하면서 자신이 만든 슬라이드 프레젠테이션을 한 장 한 장 넘기면서 설명을 하는 것만으로도 훌륭한 학습 영상을 제작할 수 있다. 수업 내용과 관련하여 특정한 문제의 해결 방법을 소개하는 영상을 만드는 것도 좋은 방법이다. 수업 시간에 학생들이 자신의 영상을 보여주며 수업 내용을 설명하게 해보면 어떨까? 교사는 이렇게 간단한 방법으로 학생이 주도하는 수업을 진행할 수 있다.

5
말하는 아바타를 만들어서 영상 메시지를 전달하라

우리는 아바타를 카메라로 촬영할 필요가 없다. 이미 온라인 상에서는 수많은 아바타 영상이 존재하며 우리는 눈 깜짝할 새에 아바타가 말을 하는 영상을 만들 수 있다. 한 예로 Voki.com 과 같은 무료 사이트에 들어가서 '아바타의 얼굴'을 꾸미고 원하는 메시지를 입력해 보자. 역사적 인물의 아바타를 만든 다음,

---

02   현재 Screenr.com은 사용할 수 없지만 인터넷에 검색해 보면 수많은 화면 녹화 사이트를 찾을 수 있다.

아바타가 할 말을 직접 입력하는 것도 가능하다. 학생들이 수업 시간에 배운 내용을 바탕으로 아바타가 말을 하는 영상을 만들면 어떨까. 교사의 경우에는 대체 교사가 알아야 할 수업 계획을 아바타가 대신 전달하도록 할 수도 있다.

6
여행을 떠나고 영상을 남겨라

학생들이 현장체험학습 또는 방학을 이용해 여행을 갔을 때 이곳저곳을 촬영하고 설명하는 음성을 덧붙여 영상을 제작한다면 친구들과 여행 경험을 공유할 수 있다. 만약 학생들이 개인적으로 여행을 할 수 없는 상황이라면 Animoto를 활용해서 슬라이드 쇼 영상이나 화면 녹화 영상을 만들어도 좋다. 구글 어스를 활용해서 유명한 도시나 유적지를 가상으로 여행하면서 화면 녹화 영상을 만들면 보다 수준 높은 영상을 제작할 수 있다.

7
단어를 설명하는 Vine 영상을 제작하라

Vine.co는 사용자가 6초짜리 반복 영상을 만들고 공유할 수 있는 소셜 미디어 사이트이다. 학생들은 iOS나 안드로이드 혹은 윈도우 운영 체제가 탑재된 기기를 활용해서 Vine 영상을 만들 수 있다. 만약 여러분이 근무하고 있는 학구에서 Vine을 사용할 수 없다고 해도 오프라인으로 접속해서 영상을 다운받는 것은 가능하다. Vine 영상을 어떻게 수업에 활용할 수 있을까? 나는 학생들이 종이에 적힌 단어와 그 단어의 뜻을 표현하는 이미지를 6초라는 짧은 영상에 담아내게 한다. 그다음 Weebly.com의 학급 홈페이지에 학생들이 만든 Vine 영상을 게시한다. 이런 식으로 학생들이 만든 영상을 학습 자료로 사용하면 단어 암기처럼 자칫 지루해질 수 있는 학습 활동도 즐겁게 소화할 수 있다.

8
수업 내용을 움짤 영상으로 만들어라

GIF 파일은 하나의 파일로 소리 없이 움직이는 이미지, 즉 묵음 영상을 구현할 수 있다. 학생들이 무료 GIF 메이커[03]를 사용해서 수업 내용과 관련된 움짤(움직이는 그림이나 동영상) 영상을 제작한다면, 영상을 제작한 학생과 영상을 보는 학생 모두 수업 내용을 쉽게 이해할 수 있다. 움짤 영상을 학급 홈페이지에 게

---

03 http://www.digitaltrends.com/computing/best-apps-to-make-animated-gifs

시하는 것도 보충 학습을 격려하는 좋은 방법이다.

9
명분을 강조하라

학생들은 지역 사회나 지구촌의 문제를 해결하기 위해 구체적인 행동을 할 때 교실에서 교과서를 볼 때보다 많은 것을 느끼고 배울 수 있다. 학생들이 지금 문제시되는 상황의 심각성을 충분히 이해한다면 스스로 영상을 만들어 다른 사람들의 참여를 독려할 수 있을 것이다. 이 과정에서 학생들은 사사로운 개인적 이익 대신 보다 큰 명분을 위해 노력하게 된다.

10
상상

수업 내용에 대해 "만약?"이라는 질문을 제기해 보자. 학생들은 블룸의 교육 목표 분류표 중에서 두 번째로 높은 단계인 '종합'의 사고 과정을 거치게 될 것이다. 학생들로 하여금 만약 과거에 역사와 다른 일이 벌어졌거나, 이야기에 등장하는 인물이 다른 결정을 내렸다면 어떤 일이 벌어졌을지 생각하도록 격려해 보자. 영상은 이러한 아이디어를 구체적으로 표현하는 데 가장 효과적인 매개체이다. 학생들이 자신의 가정을 영상으로 표현하고 친구들과 공유한다면 신선한 지적 자극을 받고 다양한 시각을 배우게 될 것이다.

특정 교과 수업에서 영상을 활용할 수 있는
열 가지 방법

1. 사회 시간에 역사적 연설이나 사건을 재창조해서 영상으로
   제작하자.

2. 과학 시간에 학생들이 가정을 수립하고 실험을 통해 결론을
   얻기까지의 과정을 영상에 담자. 영상을 보는 사람들이 실험
   결과를 구체적으로 알 수 있도록 각종 수치가 적힌 이미지를
   영상에 삽입하자.

3. 영어 시간에 배운 문학의 요소들을 활용해서 시나 짧은 이
   야기를 짓고 영상으로 표현하라. 작품의 분위기를 살려줄 크

리에이티브 커먼즈의 사진이나 저작권의 보호를 받지 않는 음악을 영상에 삽입하자.

4. 이야기 형식의 수학 문제를 실생활에 적용하는 모습이나 화이트보드에서 수학 문제를 해결하는 과정을 촬영해 보자. 자막을 넣어서 문제에서 다루고 있는 수학적 개념을 더 자세히 설명하라.

5. 외국어 수업을 할 때 일상적인 대화를 나누거나 설명하는 모습 혹은 짧은 연극을 시연하는 모습을 영상에 담아라.

6. 체육 시간에 학생들이 기술을 시범 보이거나, 보건 시간에 건강한 생활을 위한 수칙을 설명하는 모습을 영상으로 만들자.

7. 실과 시간에 요리하는 과정이나 아이의 성장 과정이 담긴 영상을 활용하자.

8. 학생들이 농업을 구체적으로 이해할 수 있도록 학교 밖으로 나가 여러 동물과 농작물 등 농업과 관련된 것들을 설명하고

이 모습을 촬영해서 비디오 프레젠테이션 자료를 제작하자.

9. 학생들이 자발적으로 조직한 동아리에서 주최하는 봉사 프로젝트나 학교 사랑 주간 행사를 영상으로 홍보하자.

10. 상담실 교사는 영상을 활용해 학부모와 학생에게 공지해야 할 내용을 전달할 수 있고, 교장은 정기적으로 학부모들에게 영상 메시지를 보낼 수 있다.

29

학생들과 눈높이를 맞춰라

디지털 세상에 살고 있는 학생들에게
교사는 아날로그식 학습 방법만 강요하고 있다.

    나는 학생들이 디지털 기술을 능숙하게 다루는 모습을 볼 때마다 깜짝 놀란다. 요즘 학생들은 여러 소셜 미디어 사이트에 계정을 만들어 활발하게 활동한다. 또한 온라인상에서 자신의 생각을 메시지로 표현할 때 각 매체에서 통용되는 독특한 어투를 완벽하게 구사한다. 학생들은 자신의 구미에 맞는 앱을 핸드폰에 설치하고, 좋은 앱을 친구들에게 소개하고, 자신이 절대로 쓰지 않는 앱과 그 이유를 친구에게 상세히 설명한다. 내가 최신 iOS 운영 체제 업데이트의 장점과 단점을 이야기할 때나 새로 나온 앱을 설명할 때, 학생들은 내가 만날 수 있는 최고의 대화

파트너이다.

학생들은 디지털 세상에 살고 있다. 그러나 학생들이 공부하고 있는 교실은 여전히 디지털 기술과 거리가 멀고 교과서로만 가득 차 있다(내가 이런 상황을 어떻게 받아들일지 여러분은 잘 알 것이다). 요즘 학생들은 구글, 트위터, 유튜브 영상을 통해 궁금한 점을 쉽게 해결할 수 있는 능력을 갖추고 있음에도 불구하고 교사의 일방적인 수업을 듣고 있는 형편이다. 학생들은 학습지에 글을 쓰고 시험지를 풀어내고 무거운 종이 교과서를 가방에 넣고 다니지만, 마음속으로는 디지털 기기에 꼭 외워야 할 것이나 자신의 생각을 기록하길 바란다. 학생들은 디지털 세상에 살고 있는데 교사는 학생들에게 아날로그식 학습 방법만 강요하고 있다. 이점에서 수업 시간에 교사가 학생들을 집중시키기 어려운 것은 조금도 놀라운 일이 아니다.

결국 교사가 결단을 해야 한다. 교사는 학생들이 거주하는 디지털 하우스 옆으로 거주지를 옮겨 소셜 미디어, 디지털 도구 그리고 온라인 학습 자료를 기꺼이 받아들이던지 아니면 학생들을 아카데미아[01] 마을로 향하는 버스에 태운 후 그들의 삶과는

---

01 플라톤이 그리스의 아테네에 세운 학교.

동떨어진 교육 방법과 도구가 가득한 전통적인 가옥에 살게 해야 한다. 둘 중에 무엇을 선택할지는 결국 교사 개인의 선택에 달린 문제이지만 적어도 나는 어떤 결정을 내려야 하는지 정확히 알고 있다. 나는 한시라도 빨리 학생들의 집 옆으로 이사를 가야 한다.

하루가 다르게 시장 상황이 달라지고 기술력이 발전하는 요즘 나는 교사들이 자신의 수업 방법을 냉정하게 점검해야 한다고 생각한다. 나는 수업에 디지털 기술을 활용하는 것이 학생들로 하여금 자발적으로 수업에 참여해서 적극적인 자세로 학습하도록 하는 데 반드시 필요하다고 생각한다. 오늘날 사회는 구성원의 필요에 맞춰 끊임없이 변화하고 있다. 반면에 학교는 아직도 여러 인터넷 사이트를 차단하고(나는 아직도 내가 학교에서 마인크래프트를 차단하는 데 일조했다는 사실을 믿지 못하겠다), 스마트폰 사용을 금지하기에 급급하다.

교사가 지금까지와는 다른 입장을 취해서 교사로서의 목적을 달성함과 동시에 학생들이 디지털 기술을 활용해서 적극적으로 학습할 수 있도록 한다면 어떨까? 시대의 흐름에 맞서기보다, 디지털 기술을 교사의 목적에 맞춰 사용해 보자는 것이다.

지금까지 나는 학생들을 수업에 참여시키는 데 도움이 되었

교과서가 사라진 교실

던 다양한 디지털 도구와 수업 방법을 소개했다. 나의 목적은 디지털 도구와 플랫폼을 수업에 적용해 학생들이 수업 자체를 즐기게 함으로써 결과적으로 학생들에게 학습하는 법, 의사소통하는 법, 현대사회를 살아가는 법을 가르치는 것이다. 이제 나는 지금까지 내 수업에서 디지털 기술과 소셜 미디어가 구체적으로 어떤 도움이 되었는지를 보여주는 대표적인 사례를 소개하려고 한다.

많은 교사들이 페이스북, 트위터와 같은 소셜 미디어를 소중한 시간을 허비하기에 딱 좋은 매체 정도로 생각한다. 물론 이 말에도 일리는 있다. 그러나 주변의 사람들을 찬찬히 살펴보라. 사람들은 소셜 미디어를 통해 동료와 만나고, 리더의 훌륭한 점을 본받고, 최신 뉴스를 접한다. 트위터는 매달 2억 8천 8백만 명이 활발하게 사용하고 있는 소셜 미디어 플랫폼으로써[02] 내 학생들도 자주 사용하는 매체이다. 학생들은 트위터에서 자신의 생각을 표현하고 세상에서 일어나는 일을 실시간으로 확인한다. 학생들은 자신의 생활에서 남들과 공유하고 싶은 부분을 단어, 해시태그 그리고 사진을 포함해 140자 이내의 단문으로 표

---

02 http://about.twitter.com/company

현한다.

여기서 분명히 누군가는 이런 질문을 할 것이다. 트위터와 교육이 만나는 지점은 어디일까? 나는 재미있고 흥미로운 것이라면 무엇이든, 심지어 평범한 일상생활도 트위터와 교육의 접점이 될 수 있다고 생각한다.

이제부터 나는 학교에서 열린 홈커밍 주간에 내 학생들과 함께 겪었던 소중한 경험을 여러분에게 소개하려고 한다. 홈커밍 주간에 학교에서는 일주일 내내 매일 다른 주제로 행사가 열렸다. 학생들은 미식축구 경기가 열리기 전까지 날마다 정해진 주제에 맞춰 옷을 차려 입었다. 학생들 대부분은 사냥을 무척 좋아했기 때문에 'Duck Dynasty'의 날은 인기가 최고였다(Duck Dynasty는 미국의 A&E 채널에서 방영되는 리얼리티 쇼로 로버트슨 가족이 시골에서 살면서 오리 사냥용 피리 사업을 하는 모습과 유쾌한 일상을 그린 프로그램이다). 그날 학생들은 사냥꾼처럼 차려입느라 정신이 없었다. 학생들은 Duck Dynastry의 출연진들처럼 위장용 옷을 두르고, Duck Dynasty 티셔츠를 입고, 긴 수염을 얼굴에 붙였다. 한 학생은 사이 로버트슨Si Robertson이라는 이름이 적힌 아이스티 유리잔과 물통을 학교에 가져오기도 했다.

사실 그 주에 나는 학생들에게 스페인어 1 과정의 가족과 관련된 어휘를 가르칠 계획이었다. 나는 학생들이 로버트슨의 가족 관계도를 그린 다음 스페인어로 가족 관계를 적어보는 활동을 계획했다. 학생들의 반응은 폭발적이었다. 학생들 대부분은 이미 로버트슨 가족의 이름과 관계를 훤히 알고 있었지만, AETV.com에 들어가 가족 관계를 꼼꼼하게 확인하는 치밀함을 보였다. 축제 기간에 할 만한 멋진 학습 활동이 아닌가? 그러나 이것은 시작에 불과했다.

학생들이 가족 관계도를 완성했을 때 나는 이렇게 말했다. "가족 관계도를 사진으로 찍어서 트위터에 올리고 Duck Dynasty 출연진의 이름을 태그로 달아두자. 출연진들이 너희의 트윗을 보면 리트윗 할지도 몰라."(리트윗은 누군가가 작성한 트윗을 자신의 팔로워에게 공유하거나 추천할 때 한다.)

학생들은 모두 동의했다. 학생들과 나는 가족 관계도 옆에 서서 사진을 찍은 다음, 아이패드와 스마트폰으로 개인 트위터 계정에 사진을 올렸다. 그리고 Duck Dynasty의 출연진 중 두 명을 선택해서 출연진이 트위터에서 사용하는 이름을 태그로 달았다. 학생들은 트위터에 트윗을 잔뜩 올렸기 때문에 출연진들이 트윗을 확인하지 않을까 하고 기대하는 마음이 컸다.

나는 Duck Dynasty의 CEO인 윌리 로버트슨Willie Robertson과

그의 형제인 제이스 로버트슨Jase Robertson에게 트윗을 보냈다. 5분도 안 돼서 제이스는 내 트윗을 보고 그의 1.2 백만 트위터 팔로워에게 나의 트윗을 리트윗했다. 학생들은 이 놀라운 일에 흥분해서 하루 종일 열광했다. 학생들이 그토록 좋아하는 Duck Dynasty의 제이슨 로버트슨이 방금 전 학교에서 찍은 사진을 보고 좋아했을 뿐 아니라 그의 팬들과 공유한 것이다.

소문은 학교에 빠르게 퍼져나갔다. 학생들은 자신의 트위터 계정에 이 놀라운 소식을 올렸고 학교는 전용 페이스북 페이지로 학생들이 찍은 사진과 놀라운 소식을 부모님과 지역 사회에 알렸다. 심지어 지역 신문에 이날 있었던 일이 실리기도 했다. 단 이틀 만에 학생들의 트윗은 128회 리트윗되었고 181회의 '마음에 들어요'가 표시되었다.

누군가는 이렇게 질문할 것이다. 유명인이 학생의 사진을 리트윗한 것은 좋다. 그런데 그게 교육과 무슨 상관이란 말인가? 내 대답은 아주 많은 관련이 있다는 것이다. 우선, 그날 있었던 일은 학생들이 스페인어 공부를 열심히 했다는 사실을 증명한다. 학생들은 교실에서 새로운 어휘를 배우기 위해 애를 썼다. 만약 학생들이 새로운 어휘를 공부하지 않았다면 그런 놀라운 일은 일어나지 않았을 것이다. 또한, 그날 학생들은 머리끝부터 발끝까지 Duck Dynasty의 복장을 입었던 것처럼, 무엇인가를 위해 최선을 다했을 때 기적 같은 일이 일어난다는 사실을 몸소 깨달았다. 학생들은 트위터, Duck Dynasty, AETV.com, 디지털 사진 등 자신이 사용할 수 있는 자원을 총동원해서 자신이 좋아하는 사람에게 메시지를 보내려고 노력했고, 결국 꿈을 이룰 수 있었다. 단언컨대 나는 학생들이 로버트슨의 형제 중 한 사람인 제이스가 트위터에 올린 사진을 좋아했다는 사실을 잊지 못할 거라고 자신한다.

스페인어 시간에 학생들은 새로운 어휘를 배워야 한다. 나는 학생들에게 학습지를 건네주고 교과서를 펴라고 말할 수도 있었다. 그러나 나는 학생들이 자신이 학습한 어휘를 이용해서 흥미진진한 활동을 하게 했는데, 이것은 실현 불가능했던 일을 현실로 만들어준 디지털 기술을 활용했기에 가능했다.

예전에 한 동료 교사가 교과서 없이 진행되는 나의 수업 방식을 비판하면서 어차피 학생들은 대학교에 진학하면 수업 시간에 교재를 읽어야 하고, 교사의 강의를 들어야 하고, 종이에 리포트를 써야 한다는 말을 덧붙였다. 실제로 몇몇 교수들은 강의 시간에 텍스트와 설명에 지나치게 의존하고 있는 것이 사실이다. 그러나 여기서 분명히 해둬야 할 것이 있다. 대학은 인생의 성공을 보장하는 보증수표가 아니며 따라서 학생들이 대학의 수업 방식에 맞춰 학습할 이유는 없다는 것이다. 오히려 학생들이 성공하기 위해서는 현대 사회에 적합한 학습법을 배워야 한다. 게다가 요즘 대학에서도 과거에는 꿈도 꾸지 못했을 교수학습 기법과 디지털 기술을 수업에 적용하고 있다.

시간이 지날수록 21세기형 학습 방법이 제 모습을 드러내고 있다. 교사는 학생들이 앞으로 살아갈 사회(우리가 살아온 사회가 아닌)에서 제 역할을 할 수 있도록 교육해야 한다. 학생들이 자신의 뇌가 구조화된 방식대로 공부할 수 있도록 도와주자. 예를 들어 학생들은 교실을 나가기만해도 손으로 글을 적지 않고 키보드를 두드려 글을 쓴다. 학생들은 수동적으로 정보를 받는 것이 아니라 스스로 정보를 찾고 상호작용하고 공유한다. 교사가 학생들에게 미래 사회에 꼭 필요한 역량을 길러주려고 한다면, 교사는 수업 방법을 혁신할 결심을 해야 한다.

수업 방법 개선과 관련하여 내가 내린 결론은 이것이다. 만약 내가 학생들의 세상에 살면서 학생들의 관심사를 살피고 수업 방법에 대한 나의 생각을 더욱 날카롭게 벼릴 수 있다면, 나는 앞으로도 학생들 곁에서 살아갈 수 있을 것이다.

Ditch That Textbook

여러분이 교과서와 교육과정을 버린다면, 수업할 때 자유로움을 느끼게 될 것이다. 여러분에게 무엇을 어떻게 가르칠지를 스스로 결정할 수 있는 완벽한 자유(물론, 여러분은 교육부가 정한 기준을 지켜야 할 것이다)가 주어졌다고 상상해보라. 정말 자유롭지 않겠는가!

그러나 여러분은 교과서와 교육과정을 내던져버리자마자 학급 교육과정을 스스로 마련해야 하는 현실과 맞닥뜨릴 것이다. 기쁨은 어디론가 사라져버리고 걱정과 두려움이 머리를 치켜들 것이다. 여기서 두려움에 굴복해 버린다면 여러분은 아마 교과서가 이끄는 지루한 수업의 길을 다시 걷게 될 것이다.

크게 숨을 들이쉬어보자. 여러분은 충분히 두려움을 극복할 수 있다. 앞으로 이어질 장에서 우리는 수업 철학을 확립하기 위한 계획 그리고 즐거운 수업이 가능하면서도 학교에서 요구하는 기준을 충족시키는 교육과정 개발 계획을 살펴볼 것이다.

여러분은 다른 사람이 만든 교육과정을 뻥 차버리고도 얼마든지 훌륭한 수업을 할 수 있다. 나는 여러분이 일단 기존의 교육과정을 뻥 차버리고 나면 두 번다시 그 교육과정을 거들떠보지 않을 것임을 확신한다.

Part 4

교육과정을 뻥 차버려라

30
교육 철학을 확립하라

자신이 어떤 사람인지
그리고 어떤 교사가 되고 싶은지를 정의해 보자.

나는 첫 학교에 발령을 받자마자 첫 한 달 동안 FCA(Fellowship of Christian Athletes, 기독교 선수 연합) 활동을 도왔다. 내가 근무했던 학교는 워낙 학생 수가 적어서 FCA 회원들을 1,000명이 앉을 수 있는 강당에 앉히면 앞쪽 세 줄을 간신히 채울 정도였다. 첫 모임에서는 오리엔테이션 활동으로 간단한 게임을 했다. FCA 리더 학생은 회원들에게 미션을 주었고, 나는 내 스페인어 수업을 듣는 학생들이 미션을 거뜬히 해내리라고 생각했다. 미션은 이것이었다. "외국어로 무슨 말이든 해보세요."

나는 내가 가르치는 학생들이 속한 그룹을 향해 슬쩍 웃음을

지어 보이며 이렇게 말했다. "모두 미션을 통과해야 한다!" 나는 스페인어 교사였다. 내 학생들은 스페인어를 공부했다. 내가 학생들을 가르친 지가 몇 주밖에 되지 않았다는 점을 감안하더라도 내 수업을 들은 학생들이라면 간단한 말이라도 스페인어로 할 수 있지 않겠는가.

단 한 명이 손을 들었다. 딱 한 명. 리더 학생이 홀로 손을 든 외로운 여학생을 지목했고 여학생은 헝가리로 선교 여행을 갔을 때 배웠던 문장을 말했다. 강당에 앉아 있었던 나머지 학생들은 어땠을까? 묵묵부답이었다. 아무도 손을 들지 않았다. 스페인어를 배우는 학생들 중에 손을 든 학생은 단 한 명도 없었다. 강당을 가득 메운 침묵 속에서 스페인어 교사의 마음은 무너져 내렸다.

그때 나는 내가 교사로서 무엇을 해야 할지 깨달았다. 그것은 바로 학생들에게 스페인어로 말하는 능력을 길러주는 것이다. 그때부터 나는 내 학생들이 스페인어로 말하는 능력을 갖추기를 바랐다. 나는 학생들이 유창하고 문법적으로 완벽한 회화 능력을 갖추기를 바라지 않았다. 다만 학생들이 멕시코로 여행을 가거나 스페인어를 구사하는 사람을 만나면 간단한 대화 정도는 할 수 있기를 바랐을 뿐이다.

교사는 오직(혹은 거의) 개인적인 바람을 실현하기 위해서, 구체적으로 말하자면 교실에서 종이를 사용하지 않겠다거나 디지털 기술이 접목된 수업을 하겠다거나 하는 등의 바람을 이루기 위해서 교과서를 버리겠다는 마음을 가져서는 안 될 것이다. 교사는 교과서를 차버리는 이유를 교사로서의 목적에서 찾아야 한다. 나는 이렇게 묻고 싶다. 여러분은 교과서가 사라진 교실에서 구체적으로 무엇을 할 생각인가?

교사는 학생들에게 지대한 영향을 끼친다. 만약 교사가 뚜렷한 목적이 없거나 목적을 실현할 구체적인 계획을 마련하지 못해서 학생들에게 긍정적인 영향을 끼칠 기회를 놓쳐버린다면, 이것은 참으로 안타까운 일이다. 벤자민 프랭클린은 이렇게 말했다. "계획을 세우는 데 실패하면 실패할 계획을 세운 것이나 다름없다."

일단 교사로서 자신의 목적을 분명히 정한 다음 수업 계획을 세워라. 이런 식으로 차근차근 교육과정을 계획하다 보면 자신의 교육 철학을 확립하는 데 큰 도움이 될 것이고 결국 자신의 교육 목적을 실현할 교육과정을 마련하게 될 것이다. 다시 말하지만 명확한 목적을 정한 다음 수업을 계획하라. 어디서부터 시작해야 할지 모르겠다면 아래의 질문에 답해 보자.

- 당신은 구체적으로 어떤 교사인가?
- 당신이 수업 시간에 해야 할 일은 정확히 무엇인가?
- 당신은 학생들이 수업이 끝난 후 무엇을 해내기를 바라는가?
- 1년 후 학생들이 무엇을 할 수 있기를 바라는가?
- 학생들은 장차 성공하기 위해 어떤 능력을 길러야 하는가?
- 학생들이 새로운 아이디어를 개발하려면 어떤 토의나 학습 활동을 해야 하는가?

우선 여러분의 마음을 살펴보라. 자신이 어떤 사람인지 그리고 어떤 교사가 되고 싶은지를 정의해 보자. 그다음, 주변으로 시선을 돌려 계획을 세우는 데 도움이 될 만한 학습 도구와 자료들을 찾아보고 수업 계획을 마련해 수업에 적용해 보자. 트위터에서 다양한 교사의 글을 읽어보고, 양서를 읽고, 블로그들을 살피다 보면 수업 방법이 떠오르면서 수업에 대한 열정이 살아날 것이다. 여러분이 다양한 자료를 살펴보다가 새로운 아이디어를 떠올려서 수업 방법을 개선한다면 더할 나위 없이 좋을 것이다. 그러나 여러분은 교육에 대한 신념이 흔들리는 다소 불쾌한 경험을 하게 될 수도 있다. 여기에는 아무런 문제가 없다. 어느 누구도 넘어지지 않고 앞으로 나아갈 수 없다.

예를 들어 보겠다. 예전에 내가 트위터에서 기준 기반 학습(standards-based learning)을 다룬 트윗(#sblchat)을 검색했을 때 나는 내 교육 철학과 상반되는 수많은 글들을 접했다. 처음에 나는 완강하게 반대 의견을 피력했지만 결국 상대방을 설득하는 걸 포기하고 다른 트윗으로 눈을 돌려버렸다. 그 뒤로도 나는 기준 기반 학습에 관한 트윗을 계속 살펴봤다. 이전과 차이점이 있다면 내가 자존심을 내려놓고, 그들의 말에 귀를 기울이고 보다 많은 질문을 했다는 것이다. 결국 나는 숙제와 복습에 대한 생각을 바꾸게 되었고[01] 지혜롭게 갈등을 극복한 결과로 더 나은 교사가 되었다고 자부한다.

여러분은 어떤 교사가 되고 싶은가? 여러분은 어떤 학생을 길러내고 싶은가? 여러분이 이 질문에 의식적인 결정을 내리든 그렇지 않든, 여러분은 항상 어떤 결정을 내리기 마련이다. 여러분이 교실에서 하는 말과 행동 그리고 학생에게 제시하는 학습 활

---

01 숙제와 복습에 대한 생각을 바꿨다는 말은, 성취 기준의 달성을 중시하는 기준 기반 학습을 실천하기 위해 학생들이 기준을 달성할 때까지 숙제, 복습 등의 추가적인 학습이 반드시 필요하다는 사실을 인정했다는 뜻이다.

동은 여러분의 교육 철학을 드러내는 구체적인 대응물에 해당한다. 여러분이 할 수 있는 일은 두 가지이다. 하나는 의식적으로 자기 자신과 학생들을 여러분이 원하는 사람으로 만들어가는 것이다. 다른 하나는 여러분 자신과 학생들이 우연히 여러분의 마음에 꼭 드는 사람이 되기를 바라는 것이다.

희망은 믿고 실행할 수 있는 교육적 전략이 아니다. 계획하는 데 실패하지 말자. 여러분의 목적을 정의하자. 교육 철학을 갈고 닦은 다음, 동료 교사와 대화를 나누고, 깨달은 점을 바탕으로 학생들을 성공적으로 교육할 수 있는 계획을 세우자. 여러분이 교실에서 이룰 업적은 너무나 중요하기에 수업을 운에 맡긴다는 것은 어불성설에 가깝다.

31
교육 방침을 정하라

여러분의 방침은 무엇인가?

올해 여러분이 하고 싶은 일을 요약하는 한 단어는 무엇인가?

교사는 파일럿과 비슷하다. 파일럿은 출발지에서 승객을 비행기에 태우고 목적지까지 데려다준다. 파일럿은 계획에 맞춰 목적지에 안전하게 도착하기 위해 비행 도중 반드시 거쳐 가야 할 웨이포인트(waypoints)를 미리 정한다. 파일럿과 마찬가지로 교사도 자신의 경험과 지식을 바탕으로 학생들을 가르칠 최선의 계획을 세운다. 파일럿이 비행기의 각종 비상등이나 측정기를 보고 운행 상황을 점검하듯이 교사도 학생들의 학습 결과물을 확인하는 과정에서 많은 정보를 얻는다.

파일럿은 런웨이에 비행기를 몰고 가기 전에 목적지를 반드시 알아야 한다. 교사도 다를 바가 없다. 교사는 학생들에게 무엇을 가르쳐야 하며 학생들이 앞으로 어떤 능력을 길러야 하는지 분명히 인지해야 한다. 교사의 교육 방침은 교사의 최종적인 목적지, 즉 교육 목적을 드러낸다. 교사가 정한 방침이 교실 한구석에 걸려 있는 현판에 새겨져 있을 필요는 없지만, 교사가 교육 방침을 정해 놓으면 자신의 역할을 확실히 깨닫게 된다는 것만은 확실하다.

블로그 'The art of eduation'을 운영하는 제시카 발슬리Jessica Balsley는 교육 방침을 정하는 세 가지 팁을 이렇게 정리한다.

- 30자 이내로 정하라.
- 자신의 특징과 자신이 다른 사람과 상호작용하는 방법을 살펴보고 이 두 가지를 방침에 포함시켜라.
- 다음에 이어질 말을 곰곰이 생각해 보라. "내가 바라는 완벽한 세상은…."

나의 교육 방침이 궁금한가? 나는 내 학생들이 스페인어로 대화할 수 있는 능력을 기르길 바란다. 물론, 학생들이 스페인어 수업을 통해 어휘량을 늘리고, 문법을 자세하게 공부하고, 문화적인 이해력을 키워나가길 바라지만, 무엇보다 의사소통 능력을 길렀으면 한다. 나는 내 수업을 들은 학생들에게 누군가 다가와 "¿Cómo estás?(안녕하세요?)" 혹은 "¿Dónde está la oficina?(사무실이 어디 있나요?)"라고 말을 걸었을 때 잔뜩 긴장해서 입도 뻥긋 못하는 일만큼은 없기를 바란다. 나의 교육 방침에는 학생들이 스페인어로 대화를 나눌 수 있도록 단원을 구상하는 것부터 듣고 말하고 능력을 신장할 수 있는 수업 계획을 작성하는 것까지 스페인어 교사로서 내가 해야 할 거의 모든 것들이 압축된 형태로 표현되어 있다.

만약 전통적인 방식으로 방침을 정하는 것이 마음에 들지 않는다면 댄 브리튼Dan Britton, 지미 페이지Jimmy Page 그리고 존 고든Jon Gordon이 함께 쓴《One Word That Will Change Your Life》을 읽고 저자의 주장을 교육에 적용해 보라. 결론은 이것이다. 일 년 동안 학생들을 가르치며 이루고 싶은 목적을 한 단어로 표현해 보라. 위 책에서 저자들은 새해 첫 날이 되면 이런저런 목표를 정하는 대신(그중에서 반 정도는 한 달 안에 잊혀진다), 일 년이라는 시간을 투자해서 이루고 싶은 것이 집약된 한 단어를 선택하라고 제안한다.

FCA의 리더를 맡고 있는 저자들은 일 년이라는 시간을 투자할 '한 단어'를 선택하는 과정을 아래와 같이 설명한다.

첫째, 고개를 숙여 자신의 마음을 살피자.

조용히 자기 자신에게 세 가지 질문을 던질 수 있는 곳을 찾아가자. 스스로 묻고 대답해야 할 질문은 이것이다. 내가 바라는 것은 무엇인가? 나에게 주어진 것은 무엇인가? 내게 주어진 것으로 원하는 것을 이루려면 나는 무엇을 해야 하는가?

둘째, 고개를 들어 하늘을 우러러보자.

저자들은 기도나 명상을 통해 하나님과 손을 잡고 하나님이 들려주시는 말씀에 귀를 기울일 것을 제안한다.

셋째, 자신이 정한 한 단어를 실천에 옮기자.

자신이 정한 단어를 정기적으로 상기시켜줄 세 사람을 정하자. 자신이 정한 단어를 가깝게 지내는 세 사람에게 말하고 그 사람들에게 신뢰를 심어줄 수 있도록 행동하자.

여러분이 교직 생활이나 삶 전체를 통해 이루고 싶은 것을 한 단어로 요약하는 데에는 큰 힘이 들지 않지만 그 효과는 대단하다. 여러분은 그 단어를 렌즈 삼아 자신이 학생과 어떻게 상호작용하는지를 분석하거나 혹은 그 단어를 필터 삼아 자신이 바라는 수업을 계획할 수 있을 것이다.

근래 1년 동안 나는 '창조하다'라는 단어를 선택하고 실천했는데, 내가 이 단어를 선택한 이유 중 하나는 우연히 구글의 교육 팟캐스트를 듣다가 알게 된 통계자료 때문이다. 다음은 내가 접한 통계자료이다.

- 전체 학생들 중 1퍼센트에 해당하는 학생만이 디지털 자료를 만든다.
- 9퍼센트에 해당하는 학생들은 다른 사람이 만든 디지털 자료를 게시하고 관리한다.
- 그리고 나머지 90퍼센트에 달하는 학생들은 디지털 자료를 소비한다.

나의 목적은 창조하는 학생의 비율을 늘리는 것이었다. 나는 내 학생들이 스스로 학습 자료를 만들고 같은 반 친구, 학교 구성원 나아가 전 세계 사람들과 공유하길 바랐다. 또한 내가 교사로서 좋은 수업 자료를 만들어 학생, 학부모 그리고 동료 교사들과 공유하길 바랐다. 내가 선택한 '창조하다'라는 단어에 집중한 결과, 나는 학생들이 RSA 스타일의 화이트보드 애니메이션을 만들거나 구글 문서를 활용해서 모험 스토리를 만드는 등 스스로 학습 자료를 제작할 수 있도록 꾸준히 기회를 보장할 수 있었다. '창조하다'라는 한 단어는 지난 1년 동안 내가 펼친 모든 교육 활동을 요약해 준다. 창조는 나의 목적지였고, 어두운 밤에 멀리서 반짝이는 불빛이었다.

여러분의 방침은 무엇인가? 올해 여러분이 하고 싶은 일을 요약하는 한 단어는 무엇인가? 다음 장에서 우리는 '목적지로 가기 위해 어떤 계획을 세워야 하는가'라는 문제를 다룰 테지만 그 전에 우선 여러분이 어디로 가고 싶은지부터 결정해야 한다.

32

학습 주제를 정하라

교사가 수업 내용을 학생들의 삶과 관련지으면
학생들은 수업에 보다 흥미를 느끼고 수업 내용을 오래 기억한다.

여러분의 목적지, 즉 교육 방침은 정해졌다. 이제 교육과정의
큰 그림을 그릴 차례이다. 여러분은 교과서를 버린 뒤부터 자유
롭게 학생들을 가르칠 수 있을 것이다. 이제 누군가가 예전에 정
한, 시대의 흐름에 뒤떨어져서 학생들이 흥미를 느끼지 못하는
수업 계획을 더 이상 따를 필요가 없다. 그러나 교과서를 버린 교
사에게도 교육 계획은 꼭 필요하다.

교사 – 파일럿 비유를 계속 사용하자면 교육과정 계획은 비행
계획과 여러모로 비슷하다. 파일럿은 비행기를 이륙시키기 전에
목적지를 알아야 할 뿐 아니라 비행 계획도 꼼꼼하게 세워야 한

다. 일반적으로 파일럿이 출발지부터 목적지까지 직진으로 이동하겠다는 비행 계획을 세우는 일은 없다. 파일럿은 폭풍이나 비행 제한 영공을 피하기 위해 웨이포인트를 정해 놓고 그곳을 거쳐 가며 안전하게 운행할 계획을 세운다. 그렇다면 교사에게도 꼭 거쳐 가야 할 웨이포인트와 비슷한 것이 있을까? 물론이다. 교사의 웨이포인트는 교육과정의 줄기를 이루는 학습 주제라고 할 수 있다.

교사가 어떤 학습 주제를 정해야 목적지에 안전하게 도착하고 방침을 달성할 수 있을까? 대부분의 웨이포인트는 국가나 주에서 정한 성취 기준 혹은 학구나 학교 정책에 의해 미리 정해져 있겠지만, 몇몇 웨이포인트는 교사가 자유롭게 정할 수 있을 것이다. 교육과정에 꼭 넣어야 할 주제를 정리한 다음 교육과정 계획에 적절히 반영하라.

아래에서는 내가 스페인어 교육과정을 계획하는 과정을 설명해 보겠다. 나는 주제별로 구성된 총 여덟 개의 단원을 통해 학생들에게 스페인어를 가르친다. 예를 들어, 스페인어 1 과정의 한 단원에서는 '가지다', '필요하다', '원하다', '방학' 그리고 '학생'에 대한 내용이 제시되어 있고, 고급 과정의 한 단원에서는 '환경', '건강' 그리고 '교육'에 대한 내용이 소개되어 있다. 내가 학생들에게 가르쳐야 할 모든 어휘, 문법, 문화적 내용 등은 위와 같은 주제와 연결되어 있다. 주제는 학생들이 토의를 할 때 대화의 시발점이 된다는 점에서 특히 중요하다. 스페인어 1 과정을 듣는 학생들도 스페인어로 토의를 할 수 있을까? 물론이다. 예를 들어 토의 주제가 '학생'이라고 해보자. 이제 막 스페인어를 배우기 시작한 학생들도 매일 '학생'이라는 신분으로 생활하기 때문에, 자신이 좋아하는 방학 여행지, 학생으로서 경험한 즐거운 일과 어려운 일을 얼마든지 스페인어로 설명할 수 있다.

교사가 교육과정을 거시적으로 파악하지 않으면 교과 내용의 세부적인 내용에만 집중하다가 토의와 같이 학생들이 반드시 경험해야 할 교육의 보석을 놓칠 우려가 있다. 나는 토의 시간이 되면 내 안에 살고 있는 문법학자의 입을 다물게 하고 학생들이 스페인어로 자유롭게 대화하도록 내버려둔다. 학생들이 엉성한 문장, 문법적으로 틀린 문장을 구사하더라도 자유로운 대화야말로 내가 학생들에게 가르치고자 하는 핵심이기 때문이다.

교사가 웨이포인트 혹은 학습 주제를 정했다면, 본격적으로 운행을 시작하기 전에 반드시 확인해야 할 체크리스트를 작성해야 한다. 파일럿과 승무원들은 거대한 비행기로 수백 명의 승객을 태우고 활주로로 이동하기 전에 모든 것이 정상적으로 작동되고 있는지를 체크리스트로 확인한다.

- 착륙 장치? 이상 무!
- 보조 날개? 이상 무!
- 유압 장치? 이상 무!

교사가 작성해야 할 체크리스트에는 학생들이 수업을 통해 신장해야 할 능력, 배워야 할 지식과 절차 그리고 경험 등이 포함되어야 한다. 과거에는 교과서에 중요한 내용이 일목요연하게 제시되어 있었지만 교과서를 버린 교사는 중요한 학습 요소를 배열하고, 수정하고, 축소하고, 필요에 따라서는 추가할 수 있다. 그리고 이 학습 요소들은 체크리스트에 반드시 반영되어야 한다.

교실에서 수업다운 수업이 이루어지려면 교사는 체크리스트의 항목을 여러 개 준비해야 한다. 우선 교사는 자신이 속한 재단, 학구, 주, 국가에서 정한 성취 기준을 확인해서 체크리스트 항목에 넣어야 한다. 성취 기준은 학생이 수업을 통해 반드시 달성해야 할 목적으로서 교사는 성취 기준을 다른 무엇보다 우선적으로 체크리스트에 반영해야 한다. 성취 기준을 확인한 다음에는 학습 주제와 학습 내용을 체크리스트 항목에 반영해야 한다. 자세히 말하자면, 교사는 학습 주제를 자세히 파악하고 주제와 관련된 능력, 내용, 학습 경험 등을 결정해서 체크리스트에 포함시켜야 한다. 마지막으로 체크리스트에는 수업 시간에 반드시 다뤄야 할 질문과 답변이 들어가야 한다.

실제로 나는 교과서를 버린 뒤에 인디애나 주에서 정한 성취 기준과 주요 주제를 그대로 체크리스트 항목에 반영했다. 그다음 나는 학습 주제를 중심으로 수업 계획을 작성하고, 수업 계획에 근거해서 학생들이 수업을 통해 꼭 길러야 할 중요한 능력과 학생들의 성취도를 점검할 수 있는 체크리스트를 만들었다. 이 과정에서 나는 몇몇 주요 주제들은 학습 순서가 조정되어야 한다는 걸 발견했다. 예를 들어 지금까지 나는 e가 ie로 변하는 어간모음변화 동사를 가르칠 때가 돼서야 학생들에게 동사 'querer(원하다)'를 알려줬다. 그러나 스페인어 1 과정에서 '가다', '원하다' 그리고 '필요하다'라는 동사가 다뤄지기 때문에 나는 'querer'라는 동사를 더 일찍 가르쳐야 한다는 결론을 내렸다. 예전에는 이런 식으로 수업 내용을 낱낱이 분석한 적이 없었지만 학습 내용의 순서는 분명히 바뀔 필요가 있었고 결국 나는 수업 내용을 학습 순서에 맞게 조정했다.

마지막으로 나는 단원별 학습 주제의 핵심과 맞닿아 있는 본질적인 질문을 두세 개 만들어 체크리스트 항목에 반영했다. 수업 전에 교사가 질문을 미리 준비해 두면 수업을 할 때 큰 도움이 된다. 예를 들어 나는 'why I am how I am'이라는 주제로 수업을 하면서 학생들에게 아래와 같은 질문을 제시했다.

- 내가 어렸을 때 나의 가족은 어떠했나?
- 내가 어렸을 때 나는 어떠했나?
- 내가 성장하는 과정에서 다른 사람들은 어떤 영향을 미쳤나?

위 질문이 진지한 자기 성찰을 이끌어내는 질문이라고 할 수는 없지만, 학생들은 위 질문 덕분에 꽤 심도 있는 대화를 스페인어로 나눴다. 학생들은 과거형 동사를 공부하면서, 과거와 지금을 비교해 봤을 때 자신과 가족의 모습 그리고 장래희망은 어떤 점이 달라졌고 어떤 점이 똑같은지를 이야기했다. 교사가 수업 내용을 학생들의 삶과 관련지으면 학생들은 수업에 보다 흥미를 느끼고 수업 내용을 오래 기억한다.

여러분이 학습 주제와 체크리스트를 준비했다면 계획대로 일

관된 체계를 가지고 교육과정을 운영할 수 있을 것이다. 나는 스페인어의 각 과정마다 교육과정을 네 장으로 정리한다. 각 장에는 네 학기 중 한 학기의 계획이 들어가며, 계획 안에는 한 학기 동안 매주마다 가르쳐야 할 내용이 포함되어 있다. 예를 들면 그 내용은 아래와 같다.

- 휴일, 중요한 학교 행사 등 수업 시수에 영향을 줄 일들
- 단원에서 다뤄야 할 주제
- 학습 활동, 프로젝트 그리고 토의 계획
- 수업과 관련된 핵심 성취 기준과 교육정책
- 형성 평가, 단원 평가 계획

교사가 위와 같은 간단한 계획을 마련한다면 매일 수업 계획을 작성하기가 무척 편리하다. 일단 교육과정에 대한 큰 그림을 그린 뒤 웨이포인트, 즉 학습 주제를 정해 점차 교육 계획의 범위를 좁혀나가자. 일 년 동안 수업 계획을 매일 작성하든 일주일이나 이주일에 한 번씩 작성하든, 일단 수업 계획이 정해진 뒤에는 수업 진행 과정이나 여러 상황에 맞춰 수업 계획을 유연하게 적용하라.

33
유연한 태도를 가져라

실패에서 교훈을 찾아낸 다음
보다 나은 수업을 계획하라.

나는 교과서를 뻥 차버리기에 알맞은 조건을 갖췄다. 우선, 고
등학교에서 스페인어는 필수 이수 과목이 아니다. 이뿐 아니라
내가 속한 작은 학구에서는 내가 스페인어 전 과정의 수업을 운
영한다. 내가 교육과정을 조정한다고 해서 다른 교사가 불편함
을 느끼거나 내 학생들이 나중에 다른 과목을 학습할 때 영향
을 받을 일이 전혀 없다는 뜻이다.

교과 내용의 선후 계열이 존재하지 않는 교과, 즉 학생들이 이
전에 들었던 수업이나 앞으로 들어야 할 수업의 영향을 전혀 받
지 않는 교과를 가르치는 교사는 교과서를 버리기가 무척 편하

다. 이와 유사하게, 같은 교과를 가르치는 동료 교사가 학교에 아예 없는 경우에도 교사는 자신의 방식대로 학생을 가르칠 수 있다. 그러나 만약 학교에 여러분의 담당 교과를 가르치는 교사가 여러 명 있다거나 여러분이 가르치는 교과의 이전 과정이나 이후 과정을 다른 교사가 가르치고 있다고 하더라도, 여러분은 교과서를 버릴 수 있다. 여러분은 교과 내용을 조정하기만 하면 된다. 예를 들어 교육 내용의 선후 계열이 존재하는 교과의 경우, 여러분이 계획한 교과 내용과 교과서대로 수업하는 교사의 교육 내용이 겹치지 않도록 여러분의 교과 내용을 정확히 제한하면 된다.

사실 여러분이 위와 같은 상황이라면 일단 다른 교사의 교과서를 살펴본 다음 여러분이 정한 교육 내용과 순서를 일부 바꾸고, 삭제하고, 추가하고, 조정하면 된다.

교과서를 버리고 수업을 진행하면 교사와 학생들은 교과서대로 수업할 때에는 경험할 수 없었던 창의적인 수업을 즐길 수 있다. 나는 한 학교에서 단 한 명의 교사라도 교과서 없이 수업을 진행한다면 학교의 모든 사람들이 그 교사의 혁신적인 수업에서 많은 점을 배울 것이라고 생각한다.

그러나 혁명가는 늘 어려움을 겪기 마련이다. 만약 여러분이 교과서나 교과서적인 교육관을 뻥 차버리기로 마음먹었다면, 계획대로 수업이 진행되지 않을 날이 있으리라는 것을 미리 예상하고 있어야 한다. 수업에 적용하려는 디지털 기술이 학교의 인터넷망에 막혀 작동하지 않는다거나 학생들에게 전달하려고 하는 메시지가 학생들의 마음을 건드리지 못할 수도 있다는 것을 교사는 미리 짐작하고 있어야 한다. 이것은 지극히 정상적인 일이다. 사회 교사이면서 《무엇이 수업에 몰입하게 하는가?(Teach Like a Pirate)》의 저자인 데이브 버제스Dave Burgess는 저서를 통해 허버트 조지 웰스H.G. Wells의 《우주전쟁(The War of the Worlds)》을 원작으로 한 라디오 드라마 수업 이야기를 들려주었다. 데이브는 구형 라디오를 만든 다음 독특한 수업 분위기를 조성하기 위해 교실을 컴컴하게 만들고 학생들이 라디오에서 흘러나오는 소리에 귀를 기울이게 했다. 그러나 수업은 데이브의 의도대로 흘러가지 않았다. 학생들은 어두운 교실 안에서 야단법석을 떨었고 라디오 따위는 신경도 쓰지 않았다. 처음에 데이브는 학생들의 태도에 화가 잔뜩 났다. 그러나 화를 가라앉히고 곰곰이 생각한 결과 데이브는 중요한 점을 깨달았다. 학생들이 라디오에 관심을 기울이지 않는 것은 조금도 괘씸한 일이 아니라는 것이다. 구형 라디오에서 흘러나오는 방송은 요즘 학생들의 귀를 사

교과서가 사라진 교실

로잡지 못한다. 데이브는 기존의 수업 계획을 폐기하고 같은 수업에 다시 도전하는 대신, 실패를 교훈 삼아 보다 효과적인 수업 계획을 마련했다.

수업이 계획대로 흘러가지 않을 때에는 유연하게 대처하라. 항상 유연해야 한다. 자기 자신에게 엄격하지 마라. 실패에서 교훈을 찾아낸 다음 보다 나은 수업을 계획하라. 여러분이 이전의 수업에서 어떤 실패를 맛봤든지 간에 학생들은 여러분이 새로운 수업을 시도하고 학교를 학생의 실생활과 밀접한 배움의 터전으로 만들려고 노력하는 모습을 보면서 여러분에게 존경심을 품을 것이다.

34
여유를 가져라

다음 학기에 여러분이 정한 목적을 달성하는 데 도움이 될
새로운 수업 도구나 수업 방법을 한두 개 정도 선택하라.

교과서 없는 교실을 만드는 데에는 시간이 걸린다. 서두른다
고 되는 일이 아니다. 여유를 가져야 한다. 학생들에게 가르칠
단원을 새로 계획했다면 충분히 시간을 보내면서 의도한 대로
단원이 계획되었는지 살펴봐야 한다.

예전에 나는 기조연설자가 교사들에게 일 년에 한 번 정도는
몇 주에 걸쳐 소화할 단원을 스스로 계획해 보라고 제안하는 걸
들었다. 당시 나는 그 연설자가 제안한 일 년에 한 번이라는 주
기가 너무 느리다고 생각했다. 그래서 두 팔을 걷어붙이고 몇 달
만에 스페인어 3개 과정의 교육과정을 모두 재구성했다. 나는

모든 단원의 지도 계획을 수립하고, 단원별로 학생이 해결해야 할 본질적인 질문을 만들어내고, 몇몇 수업에 대해서는 개략적인 수업 계획까지 작성했다. 그러나 나는 계획을 완성하자마자 뿌듯함을 느끼기는커녕 무엇에 쫓기듯 서둘렀던 걸 무척 후회했다. 모든 단원의 지도 계획이 엇비슷했기 때문이다.

사실 나는 교육과정을 재구성한다고 하면서 새로운 단원을 조직하고 지도 계획을 수립한 것이 아니라, 한 단원의 지도 계획을 다른 단원의 계획에 붙여 넣고 약간 수정만 했을 뿐이다. 그럼에도 불구하고 여전히 나는 그 기조연설자의 제안에 이견이 있다. 나는 교사가 일 년에 한 번은 새로운 단원을 계획해야 한다는 제안에 동의할 수 없다. 내가 가르치는 스페인어 교과는 네 가지 과정이 있고 각 과정 별로 여섯 개에서 여덟 개의 단원이 조직되어 있기 때문에, 일 년에 한 단원씩 교육과정을 재구성해서 내가 바라는 수업을 운영하려면 짧게는 24년, 길게는 32년이 걸린다. 분명히 말하지만 나는 지금으로부터 32년 후에도 고등학교에서 스페인어를 가르치고 싶지는 않다. 그때쯤에는 골프를 더 자주 치고 손자들과 즐거운 시간을 보내고 싶다.

그렇다면 해결책은 무엇일까? 충분히 고민해서 새로운 단원을 만들어내고 한 단원씩 살펴보면 된다. 전체 단원을 훑어보면 수업 내용이나 심리적 편안함에 있어서 다른 단원보다 재구성하기에 용이한 단원이 눈에 띄기 마련이다. 그 단원부터 재구성하라. 다른 모든 일처럼 교육과정을 재구성할 때에도 가속도는 대단한 힘을 발휘한다. 가장 만만한 단원부터 재구성하면 나머지 단원들을 재구성할 때 속도가 붙는 걸 느낄 수 있을 것이다. 차례에서 재구성한 단원을 체크해 나가는 것도 좋은 방법이다. 즉, 교사는 새로운 단원을 계획해서 자신만의 방법으로 학생들을 가르치겠다는 목적이 조금씩 이루어지고 있는 모습을 두 눈으로 확인하는 순간, 계속해서 새로운 단원을 만들어낼 힘을 얻는다.

그러나 기존의 단원을 재구성하거나 몇몇 단원의 지도 순서를 바꾸는 등 교육과정을 재구성하는 데에는 장애물이 존재한다. 항상 변화는 천천히 진행돼서 눈에 잘 띄지 않고 때로 엉망진창의 상황을 빚어내기 마련이다. 특히 여러분이 견고한 시스템을 따르지 않고 변화를 일으키려고 할 때에는 사소한 것조차 바꾸기 힘들 때가 많을 것이다. 교육이 대표적인 경우이다. 교육이라는 시스템은 한 세기가 넘는 시간 동안 한결같은 모습을 유지했다. 낡은 교육에는 마치 산에서 굴러떨어지는 바위처럼 가속도가 붙어 있어서, 교사 개인의 힘만으로는 멈춰 세우거나 약간이라도 방향을 바꾸기가 무척 힘들다.

나도 교실에서 단번에 큰 변화를 일으키려다 바위에 부딪힌 적이 있다. 나는 교실에서 두 가지 큰 변화를 시도했는데, 하나는 구글 앱을 활용해서 종이를 (거의) 사용하지 않고 수업을 진행하는 것이고 다른 하나는 스카이프를 통해 외국 학급과 영상 통화 수업을 진행하는 것이었다. 나의 도전은 대부분 성공했다. 학생들은 구글 앱으로 친구와 협력 학습을 하고 학습 자료를 만들어냈다. 또, 학생들은 스카이프의 영상통화를 통해 미국 학생들, 스페인 학생들과 만나 스페인어로 대화를 나눴고 그 뒤로도 두 번째, 세 번째 만남을 가지며 협력 학습을 계속했다.

그런데 어찌 된 일이었을까? 내 학생들은 나와 많은 시간을 보냈음에도 불구하고 여전히 교실에만 들어오면 무기력함을 느끼고 있었다. 학생들이 학교생활을 즐기지 못하는 모습을 보면서 나는 이런 질문을 품게 되었다. "학생들이 흥미를 느끼지 못하는 이 학교라는 조직에 내가 해결책을 제시할 수 있을까? 혹시 내가 문제를 악화시키는 건 아닐까?"

어느 날 나는 내가 하는 일 자체를 곰곰이 생각해 봤다. 그리고 이렇게 결론을 내렸다. 내가 해야 할 일은 학생들이 불확실한 미래를 개척할 능력을 기를 수 있도록 매일매일 좋은 수업을 하는 것이라고 말이다. 나는 매일 한 번에 한 걸음씩 나아가겠다는 자세로 몇 주, 몇 달, 아니 몇 년 동안 꾸준히 노력하겠다고 다짐했다.

그러나 몇 년 뒤를 내다보고 하루에 한 걸음씩 꾸준히 나아가기란 말처럼 쉬운 일이 아니었다. 특히, SNS에 매일 같이 올라오는 훌륭한 교사의 글이나 영상 혹은 비범한 교육 사례를 접할 때마다 나는 인내심에 한계를 느꼈다. 내 자신을 되돌아보는 데 익숙한 나는 SNS에서 좋은 자료를 접할 때마다 거의 같은 말을 했다. "와, 정말 대단하다! 어떻게 이런 수업을 하지? 이걸 학생들이 해냈다고? 정말 본받을 게 많은 선생님이야."

그리고 스스로에게 이렇게 질문했다. "왜 나는 저 선생님처럼 수업하지 못할까? 왜 내 학생들은 저 학생들처럼 공부하지 못할까? 내가 저 선생님처럼 수업하지 못한다면, 나는 도대체 뭘 하는 교사란 말인가? 학생들에게 도움이 안 되는 교사가 되면 어쩌나."

때로 나는 이런 반응을 보이기도 했다. "이 새로운 수업 도구를 수업에 적용해 봐야겠다. 아, 그런데 사용 방법이 조금 복잡하네. 그런데 다른 교사들은 이 도구로 재미있는 수업을 하고 있잖아. 학생들에게 도움이 안 되는 교사가 되면 어쩌나."

교사로 살아간다는 게 이렇게 감정의 기복이 심한 일이라는 걸 과연 누가 알까? 교사라면 누구나 내가 경험했던 것과 같은 좌절감을 느껴 봤을 것이다. 결국 나는 교사로서 내가 취해야 할 자세를 정리하면서 마음을 다잡았다. 고민 끝에 내가 생각해 낸 교사의 자세는 이것이다. 내가 모든 걸 해낼 수는 없다. 나는 오직 내가 할 수 있는 일에만 집중하면 된다. 그리고 여기에는 아무 문제가 없다.

주변을 살펴보면 수많은 교사들이 나와 다른 방법으로 수업을 운영하면서 대단한 성과를 올리고 있다. 물론 세상에는 수업에 활용할 수 있는 인터넷 사이트, 앱, 아이디어가 수도 없이 많지만 그중에는 내가 도저히 손을 댈 수 없는 것들도 있다. 그리고 나는 욕심을 부려 온갖 아이디어를 한 번에 수업에 적용하는 것이 교실을 붕괴시키는 가장 확실한 방법이라는 것을 알고 있다. 여러분은 내가 종이 없는 교실을 운영하고 싶은 마음에 무모하게 시도했던 첫 번째 도전을 기억하는가?

나는 모든 것을 해낼 수 없다. 여러분도 마찬가지다. 이것은 지극히 상식적인 말이다. 여러분이 정한 방침, 여러분이 가르쳐야 할 학습 주제, 여러분이 작성한 체크리스트를 살펴보고, 다음 학기에 여러분이 정한 목적을 달성하는 데 도움이 될 새로운 수업 도구나 수업 방법을 한두 개 정도 선택하라. 그다음 여러분과 학생들이 새로운 수업 방법이나 디지털 도구를 익힐 수 있도록 충분한 시간을 보내라. 여유를 갖는 것이 중요하다. 새로운 수업 방법과 도구를 완전히 소화한 다음에 다른 도구나 수업 전략을 선택해 같은 방식으로 수업에 적용해 보라. 한 번에 한 걸음씩 나아가되 일주일, 한 달, 일 년 동안 계속 걸어가겠다는 마음가짐으로 노력해서 여러분이 꿈꾸는 교실을 현실로 만들자.

지금까지 논의된 내용을 간단히 요약하자면 다음과 같다. Part1에서 우리는 왜 교사가 디지털 기술을 수업에 적용해야 하는지 논의했다. Part2에서는 교육관에 대해 논의하면서, 교사가 어떤 교육관을 가지느냐에 따라 불행하게 좌절하거나 교직의 전문성을 키우면서 원기를 회복할 수 있다는 것을 살펴봤다. Part3와 Part4에서는 교사가 교과서를 버리는 방법을 살펴보고 교육과정을 재구성하는 방안에 대한 논의를 했다.

이제 여러분은 무엇을 해야 할까? 실천해야 한다. 지금 나는 다음 장에 빈칸을 만들어놓았으니 여러분이 그 빈칸을 채워야 한다고 말하는 게 아니다. 여러분이 나와 비슷한 성향을 가지고 있다면, 아마 여러분은 그 빈칸을 영영 채우지 못 할 것이다. 실천은 여행길에 올라선 사람이 기나긴 여정의 첫발을 떼는 것과 같은 의미를 가지고 있다. 아래에서는 첫발을 떼는 방법을 소개하겠다.

대화를 나누자

대화는 사람들이 중요한 결정을 내리기 전에 참고할 만한 의견을 구하기 위해 사용하는 가장 개인적이고 효과적인 방법이다. 동료 교사와 커피잔을 사이에 두고 앉아서 대화를 나눠라. 평소 존경하던 교사에게 이메일을 보내 의견을 물어보라. 내게 트윗을 쓰고 싶으면 본문에 나의 트위터 네임 @jmattmiller를 추가하고, 이 책 내용에 관해 구체적인 이야기를 나누고 싶으면 본문에 해시태그 #DitchBook을 덧붙여라. 간혹 내가 여러분이 보낸 트윗에 답을 주지 않는 경우가 있을 텐데 이때에는 내가 나보다 더 좋은 답을 해줄 사람에게 답변을 미뤘다고 생각하면 된다.

일반적으로 대화는 명쾌한 해답 없이 끝이 난다. 우리는 대화를 통해 일의 물꼬를 트고 곧바로 변화를 일으키는 것이 아니라, 다만 상대방에게 내가 제안한 아이디어가 얼마나 설득력을 가지는지 확인할 수 있을 뿐이다. 여러분이 편안하게 이야기할 수 있는 내용, 잘 알고 있는 내용을 주제로 대화를 나누자. 여러분이 부담감을 가지고 있거나 불편함을 느끼는 내용을 화제 삼아 대화를 나누자. 다른 생각하지 말고 일단 대화를 나누자. 대화는 여러분이 마음속에 그리는 교사가 되기 위해 내딛어야 할 위대한 첫걸음이라고 할 수 있다.

계획을 세우자

내가 굳이 여기서 스페인어 교육과정을 재구성하고 수정하느라 얼마나 많은 시간을 보냈는지 말할 필요는 없을 것이다. 내가 고등학교 수영팀의 훈련 계획을 세우느라 들인 시간에 대해서도 마찬가지이다. 다만 내가 할 수 있는 말은, 나는 스페인어 교육과정 계획과 수영 훈련 계획을 마련하기 위해 실제로 필요한 계획보다 훨씬 많은 계획을 만들어냈다는 것이다. 교사로서 나는 여름방학이 되면 매일 밤늦게까지 교육과정 작업에 매달렸다. 수영 코치로서 나는 본격적인 수영 시즌이 시작되기 몇 달 전부터 11주 동안 이어질 수영 시즌에 지구력 향상 훈련과 스피드

향상 훈련을 어떤 비율로 해야 할지를 두고 고민했다. 내가 들인 노력이 모두 헛수고였을까? 절대로 아니다. 오랜 시간을 투자한 덕분에 나는 훈련 계획을 훤히 꿰고 있다. 만약 시즌 도중에 훈련 계획을 바꿔야 할 일이 생긴다하더라도, 나는 조정이 필요한 부분과 그 이유를 자세히 알고 있기 때문에 손쉽게 계획을 수정할 수 있을 것이다.

아마 지금쯤 여러분의 머릿속에는 수많은 아이디어가 소용돌이 치고 있을 것이다. 주저하지 말고 계획을 세우자. 만약 여러분이 리스트부터 만드는 성향이라면 리스트를 작성하라. 만약 여러분이 달력에 일정을 적어놓는 걸 좋아한다면 달력에 일정을 체크하자. 누군가는 이렇게 질문할지 모른다. 애써 세운 계획이 틀어지거나 수포로 돌아갈 수도 있는데 왜 계획을 세워야 하냐고. 드와이트 아이젠하워Dwight D. Eisenhower는 이 질문에 훌륭한 답변을 남겼다. "계획은 쓸모없다. 그럼에도 불구하고 우리는 계획을 반드시 세워야 한다." 계획에 다리가 달려 있지 않은 이상, 우리가 세운 계획은 수포로 돌아갈 가능성이 늘 존재한다. 종이를 꺼내거나 구글 문서를 열어서 여러분의 계획에 튼튼한 다리를 달아주자. 계획이 구체적으로 세워지지 않는다고 하더라도 일단 계획을 세우자.

교과서가 사라진 교실

두려움을 물리쳐라

나는 존 에이커프Jon Acuff의 책 《Start》의 부제, 'Punch fear in the face. Escape average. Do work that matters(두려움을 물리쳐라. 평균에서 벗어나라. 중요한 일을 해결하라.)'를 무척 좋아한다. 이 부제는 자유롭게 수업하기 위해 교과서를 버리려는 교사가 기억해야 할 명언으로서 손색이 없다. 에이커프는 안정적인 직장을 미련 없이 내던지고 소셜 미디어 전문가, 저자, 강연자로서 살아가고 있다. 에이커프 자신도 자신의 바람을 실현하기 위해 두려움과 자주 맞닥뜨려야 했다. 나는 여러분이 교과서대로 가르치는 수업 방식을 포기하는 순간 어디선가 두려움이 불쑥 튀어나와 여러분을 응시할 것이라고 장담한다. 나도 수업 방법을 바꾸려고 했을 때 두려움의 눈길을 분명히 느꼈다. 두려움이라는 녀석은 여전히 내 곁을 떠나지 않았다. 결국 우리는 두려움이 우리를 지배하게 놔둘 것인지 아니면 우리가 스스로 결정을 내리고 실천할 것인지를 결정해야 한다.

내가 프롤로그에서 이야기한 머리글자 'DITCH'를 기억하는가? 이제 나는 여러분이 두려움을 물리치고 앞으로 나아가는 데 추진력이 될 만한 질문을, 머리글자 'DITCH'를 활용해 적어보려고 한다.

DIFFERENT 색다른 수업을 위한 질문

여러분의 수업은 다른 교사의 수업과 얼마나 다른가? 또 얼마나 같은가? 여러분은 수업의 어떤 부분을 개선하고 싶은가?

INNOVATIVE 혁신적인 수업을 위한 질문

여러분은 교육 이외의 어떤 분야에 관심을 가지고 있는가? 학생들은 어떤 분야에 흥미를 가지고 있는가? 어떻게 하면 교사와 학생의 관심사를 수업에 적용할 수 있을까? 여러분은 다른 교사의 혁신적인 수업을 본 적이 있는가? 그 수업을 보고 어떤 영감을 받았는가?

TECH-LADEN 기술이 접목된 수업을 위한 질문

디지털 기술은 구체적으로 우리 삶의 어떤 부분을 편리하고 즐겁게 만들었는가? 어떻게 하면 디지털 기술을 수업에 접목할 수 있을까? 수업 계획 중에서 디지털 기술을 활용해 생동감을 불어넣어야 할 학습 활동은 무엇인가?

CREATIVE 창의적인 수업을 위한 질문

여러분 혹은 학생들은 어떤 콘텐츠를 많이 사용하는가? 우리

교과서가 사라진 교실

는 어떻게 해야 콘텐츠 소비자에서 콘텐츠 생산자로 거듭날 수 있을까? 여러분 혹은 학생들은 어떤 방식으로 아이디어를 표현하는가? 어떤 과정을 거쳐야 그 아이디어가 교실 수업에 적용될 수 있을까?

HANDS-ON 체험 중심 수업을 위한 질문

여러분의 수업 중에서 활기가 떨어졌거나 의미가 퇴색해 버린 부분은 무엇인가? 학생들이 구체적 조작물이나 디지털 기술, 대화 등을 활용해 그 수업 과정에 적극적으로 참여할 방법은 무엇인가?

지금 여러분은 학생들과 동일한 입장이다. 매일 학생들은 인터넷에서 쏟아지는 정보에 뭇매를 맞으면서 그 뜻을 알아내려고 노력한다. 여러분도 수많은 아이디어들 앞에서 무엇을 선택해서 수업에 적용해야 할지 결정해야 한다.

우리는 왜 이런 노력을 기울여야 할까? 이 질문에 대한 교과서적인 답변은 학생들이 소중한 존재라는 것이다. 학생들은 우리의 미래이다. 학생들은 교사의 영향을 가장 많이 받는 존재이면서, 우리의 미래를 바꿀 가능성이 가장 큰 존재이다.

물론 이 말은 맞다. 여러분의 학생들은 소중한 존재임이 분명하다. 그러나 이 점이 교사가 노력해야 하는 이유를 설명하는 유일무이한 답변이 될 수는 없다. 교사가 노력해야 할 이유는 또 있다. 바로 교사는 소중한 존재라는 것이다.

내가 그랬던 것처럼 여러분이 교과서를 뻥 차버리다가 좌절한 적이 있다면, 아마 여러분은 무엇인가 깨달았을 것이다. 여러분은 매일 똑같은 방식으로 수업을 해도 될 그런 존재가 아니다. 여러분이 교편을 잡고 있는 것은 수업에 있어서나 학생들에게 있어서나 바람직한 변화를 만들어내겠다는 다짐 때문이다. 여러분도 잘 알다시피 변화는 손이 많이 가는 복잡한 일이다.

그럼에도 불구하고 도전하라. 손이 많은 가는 복잡다단한 과정을 기꺼이 견뎌내라. 어쨌든 실천하라. 지금 여러분이 위험을 감수하고 서 있는 바로 그 곳에서 열매가 맺힐 것이다. 익숙하지 않은 방식으로 수업을 하면서 앞으로 수업에 꾸준히 적용할 수 있는 요소들을 찾아내라.

앞에서 내가 했던 조언을 기억하길 바란다. 한 번에 모든 걸 이루려고 애쓰지 마라. 여러분의 열정을 불태울 수 있는 한두 가지 아이디어를 선택해서 행동에 옮겨라. 그 이상으로 노력하면 금방 지칠 것이다.

이 책을 읽으면서 머릿속에 맴돌던 생각을 끄집어내 실천하라. 어떤 결과를 얻게 될지 어느 누구도 장담할 수 없지만, 그럴수록 더더욱 마음을 굳게 먹고 힘차게 첫발을 떼라! 앞으로 나가라. 여러분도 그렇고 싶지 않은가. 그러기 위해서 교과서를 뺑차버려라!

「이 도서의 국립중앙도서관 출판예정도서목록(CIP)은
서지정보유통지원시스템 홈페이지(http://seoji.nl.go.kr)와
국가자료공동목록시스템(http://www.nl.go.kr/kolisnet)에서 이용하실 수 있습니다.
(CIP제어번호: CIP2018038787)」

교과서가 사라진 교실

1쇄 발행 2018년 12월 24일

지은이 맷 밀러
옮긴이 방현진

발행인 윤을식
편 집 김명희 박민진

펴낸 곳 도서출판 지식프레임
출판등록 2008년 1월 4일 제2016-000017호
주소 서울시 서초구 효령로26길 9-12, B1
전화 (02)521-3172 | **팩스** (02)6007-1835

이메일 editor@jisikframe.com
홈페이지 http://www.jisikframe.com

ISBN 978-89-94655-71-0 (03370)